O MESTRE DAS VENDAS

JEOVANE SANTANA

O mestre das vendas

O segredo do sucesso

SUMÁRIO

20. Como ativa em seus clientes o desejo de comprar usando as sete metodologias?
21. Como quebrar os padrões nas vendas?
22. Como despertar a curiosidades dos clientes em seus produtos?
23. Como causar em seus clientes o sentimento da escassez?
24. Como persuadir seu cliente a comprar de imediato seu produto?
25. Como criar combos engajados a promoção?
26. Aprenda como ter reciprocidade, mas informações dadas na aos clientes?
27. Aprenda como fazer seus clientes se sentir exclusivos e únicos com seus produtos?
28. Aprenda criar uma ancora de preços dos seus produtos sem exceder os preços originas?
29. Como se especificar de forma clara e eficaz seu negócio?
30. Como dar autoridade em seus produtos?
31. Aprenda como usar o funil para melhorar suas vendas?
32. Aprenda como fazer o cliente ter necessidade em ter os seus produtos?
33. Como ter uma credibilidade imediata com os clientes?
34. Aprenda despertar a imaginação do cliente em seu produto?
35. Aprenda como fazer o cliente saber a diferença dos seus produtos dos concorrentes?
36. Aprenda está sempre a frente dos seus concorrentes?
37. Aprenda como convencer o cliente optar para escolha de sua empresa e consequentemente seus produtos?
38. Como a garantia aos clientes sem ter eventuais prejuízos a logo prazo?
39. Aprenda atender os clientes com humildade mais de forma eficaz?
40. Aprenda fazer acessória e consultoria de seu próprio negócio?
41 Como fazer consultoria de seu próprio negócio?

42. Como criar uma conexão afetiva entre empresa e clientes com pequenas atitudes?

43 Como uma conexão afetiva entre empresa e colaboradores com pequenas atitudes?

44 Como saber o que é trafego pago e para que servi em uma empresa?

45 como saber as desvantagens de usar o trafego pago?

46 como usar o trafego gratuito através de seus clientes?

47 Como saber a diferença entre clientes potenciais e impotências de forma clara?

48 como intender as necessidades e investir em clientes **PcD** para conversão de vendas em sua empresa?

49 como fazer a concorrência querer se associar a sua empresa?

50 Como aprender educação financeira para sua empresa usando 20 dicas infalíveis?

OLÁ CAROS LEITOREIS!

TUDO BEM? Mas saiba que pode de ficar melhor!

Vamos conhecer o mestre das vendas?

Esse livro será uma experiência não só incrível, mas única, ele

exclusivo para você que deseja ser um exímio vendedor se destacando facilmente em meio a multidão!

Ao adquirir esse livro notável, você tem 30 dias em suporte ao cliente para tirar todas as suas dúvidas em relação quesitos e conteúdo.

01. PORQUE OS SEUS AMIGOS NÃO COMPRAM OS SEUS PRODUTOS?

Existem várias razões pelas quais os seus amigos podem não comprar os seus produtos. Aqui estão algumas possibilidades:

- Os seus produtos podem não atender às necessidades ou desejos deles. É importante que os seus produtos sejam relevantes para o seu público-alvo, incluindo os seus amigos. Se os seus produtos não oferecerem algo que os seus amigos precisem ou queiram, eles provavelmente não vão comprar.

- Os seus amigos podem não estar cientes dos seus produtos. Se você não está fazendo marketing ou promovendo os seus produtos, os seus amigos podem não saber que eles existem. É importante que você comunique os seus produtos para o seu público-alvo, incluindo os seus amigos.

- Os seus amigos podem não confiar em você como um negócio. Se você é novo no mercado ou não tem um histórico de sucesso, os seus amigos podem não confiar em você o suficiente para comprar os seus produtos. Você pode precisar construir a sua credibilidade e confiança antes de eles considerarem comprar de você.

Para entender melhor por que os seus amigos não estão comprando os seus produtos, você pode conversar com eles diretamente. Pergunte-lhes o que eles pensam dos seus produtos e o que os faria comprar deles. Você também pode usar pesquisas ou ferramentas de análise para coletar dados sobre o comportamento de compra do seu público-alvo.

Aqui estão algumas dicas específicas para aumentar as chances de os seus amigos comprarem os seus produtos:

- Faça uma pesquisa de mercado para entender as necessidades e desejos do seu público-alvo. Isso o ajudará a criar produtos que eles realmente desejam.
- Comunique os seus produtos de forma eficaz. Use uma variedade de canais de marketing para alcançar o seu público-alvo, incluindo mídia social, e-mail marketing e publicidade.
- Ofereça uma boa experiência ao cliente. Isso inclui fornecer produtos de alta qualidade, atendimento ao cliente rápido e responsivo, e políticas de devolução amigáveis.

Se você seguir essas dicas, aumentará as chances de os seus amigos comprarem os seus produtos.

Aqui estão algumas perguntas específicas que você pode fazer aos seus amigos para entender por que eles não compram os seus produtos:

- Você conhece os meus produtos?
- O que você acha dos meus produtos?
- Há algo que você gostaria de ver diferente nos meus produtos?
- O que o faria comprar os meus produtos?

Ao ouvir as respostas dos seus amigos, você pode identificar áreas onde você pode melhorar os seus produtos ou marketing.

2. PORQUE DEVEMOS INVESTIR EM CLIENTES IMPOTÊNCIAS?

Devemos investir em clientes desconhecidos por vários motivos. Em primeiro lugar, eles representam um mercado potencial enorme. Segundo a pesquisa "The Global Consumer Report 2022", da McKinsey & Company, 56% dos consumidores globais estão abertos a experimentar novos produtos e serviços. Isso significa que há um grande número de pessoas que estão potencialmente interessadas nos seus produtos, mesmo que não os conheçam ainda.

Em segundo lugar, os clientes desconhecidos podem oferecer novas oportunidades de crescimento. Eles podem trazer novas perspectivas e ideias para a sua empresa, o que pode ajudá-la a inovar e se diferenciar da concorrência.

Em terceiro lugar, os clientes desconhecidos podem ser mais lucrativos do que os clientes existentes. Isso ocorre porque eles não estão acostumados com os seus preços e podem estar mais dispostos a pagar mais por produtos e serviços de alta qualidade.

Aqui estão algumas dicas específicas para investir em clientes desconhecidos:

- Faça uma pesquisa de mercado para entender as necessidades e desejos do seu público-alvo. Isso o ajudará a criar campanhas de marketing que sejam eficazes em alcançar e converter clientes desconhecidos.

- Use uma variedade de canais de marketing para alcançar o seu público-alvo. Isso inclui mídia social, e-mail marketing, publicidade e marketing de conteúdo.

- Ofereça incentivos para que os clientes desconhecidos experimentem os seus produtos ou serviços. Isso pode incluir descontos, brindes ou ofertas exclusivas.

Ao investir em clientes desconhecidos, você pode aumentar o seu mercado potencial, gerar novas oportunidades de crescimento e aumentar a lucratividade da sua empresa.

Aqui estão alguns exemplos específicos de como as empresas estão investindo em clientes desconhecidos:

- A Netflix oferece uma avaliação gratuita de um mês para que os clientes possam experimentar o seu serviço sem compromisso.

- A Amazon oferece frete grátis para pedidos acima de um determinado valor para incentivar os clientes a comprarem mais.

- A Starbucks oferece um programa de fidelidade que recompensa os clientes com pontos que podem ser trocados por bebidas ou produtos gratuitos.

Essas empresas estão usando uma variedade de estratégias para alcançar e converter clientes desconhecidos. Ao fazer o mesmo, você pode aumentar as chances de sucesso do seu negócio.

03.
ESTRATÉGIAS DE VENDA AVANÇADAS E TIPOS DE MARKETING?

As estratégias de vendas avançadas e os tipos de marketing são ferramentas essenciais para qualquer empresa que deseja aumentar suas vendas e alcançar seus objetivos de negócios. No entanto, pode ser difícil saber por onde começar ou como implementar essas estratégias com sucesso.

Aqui está um guia passo a passo para fazer estratégias de vendas avançadas e tipos de marketing:

**1. ** Comece com uma compreensão clara dos seus objetivos. O que você espera alcançar com suas estratégias de vendas e marketing? Você quer aumentar as vendas, gerar leads ou criar awareness da sua marca? Uma vez que você entenda seus objetivos, você pode começar a desenvolver estratégias que os ajudem a alcançar.

Comece com uma compreensão clara dos seus objetivos

**2. ** Conheça o seu público-alvo. Quem são as pessoas que você está tentando alcançar com suas estratégias de vendas e marketing? Quais são as suas necessidades e desejos? Quanto eles sabem sobre o seu produto ou serviço? Quanto tempo eles estão dispostos a gastar? Ao entender seu público-alvo, você pode criar mensagens e conteúdo que sejam relevantes e eficazes.

**3. ** Use uma variedade de canais de marketing. Não há uma única estratégia de marketing que seja eficaz para todos os negócios. Você precisa usar uma variedade de canais para alcançar seu público-alvo e comunicar sua mensagem. Alguns canais comuns de marketing incluem mídia social, e-mail marketing, publicidade e marketing de conteúdo.

**4. ** Monitore e ajuste suas estratégias. Não presuma que suas estratégias de vendas e marketing serão eficazes sem fazer ajustes. Monitore os resultados de suas campanhas e faça alterações conforme necessário. Isso o ajudará a garantir que você esteja obtendo o máximo de seus esforços de marketing.

Monitore e ajuste suas estratégias

Tipos de estratégias de vendas avançadas

Existem vários tipos de estratégias de vendas avançadas que você pode usar para aumentar suas vendas. Aqui estão alguns exemplos:

- Personalização: Use dados para personalizar suas mensagens e ofertas para cada cliente.

  Personalização

- Automação: Use software para automatizar tarefas de vendas, como envio de e-mail e acompanhamento de leads.

Automação

- Engajamento social: Use as mídias sociais para interagir com seus clientes e construir relacionamento

Engajamento social

Tipos de marketing

Existem vários tipos de marketing que você pode usar para alcançar seus objetivos. Aqui estão alguns exemplos:

- Inbound marketing: Crie conteúdo relevante e valioso para atrair clientes para o seu site.

Inbound marketing

- Outbound marketing: Alcance clientes com anúncios e outras mensagens diretas.

Outbound marketing

- Marketing de relacionamento: Construa relacionamentos duradouros com seus clientes.

Marketing de relacionamento

Como combinar estratégias de vendas avançadas e tipos de marketing

Para obter os melhores resultados, você deve combinar estratégias de vendas avançadas e tipos de marketing. Isso o ajudará a alcançar seu público-alvo de forma eficaz e aumentar suas vendas.

Aqui estão algumas dicas para combinar estratégias de vendas avançadas e tipos de marketing:

- Use dados para orientar suas decisões. Use dados

para entender seu público-alvo e o que eles estão procurando. Isso o ajudará a criar mensagens e conteúdo relevantes e eficazes.

- Personalize suas mensagens e ofertas. Use dados para personalizar suas mensagens e ofertas para cada cliente. Isso o ajudará a aumentar o envolvimento e a conversão.

Use uma variedade de canais de marketing para alcançar seu público-alvo e comunicar sua mensagem. Isso o ajudará a alcançar mais pessoas e aumentar as chances de sucesso.

Ao seguir estas dicas, você pode combinar estratégias de vendas avançadas e tipos de marketing para aumentar suas vendas e alcançar seus objetivos de negócios.

04. COMO ENTENDER AS NECESSIDADES DOS CLIENTES?

Entender as necessidades dos clientes é essencial para qualquer vendedor que deseja ter sucesso. Quando um vendedor entende as necessidades dos seus clientes, ele pode oferecer produtos ou serviços que atendam às suas necessidades específicas. Isso pode levar a um aumento nas vendas, na satisfação do cliente e na fidelidade à marca.

Aqui estão algumas dicas para vendedores entenderem as necessidades dos clientes:

- Faça perguntas abertas. Quando você estiver conversando com um cliente, faça perguntas abertas que permitam que ele expresse suas opiniões e sentimentos. Isso lhe dará uma melhor compreensão de suas necessidades e desejos.

Faça perguntas abertas

- Seja um bom ouvinte. Quando um cliente estiver

falando, preste atenção ao que ele está dizendo. Não se preocupe em interromper ou oferecer soluções. Apenas escute e tente entender suas perspectivas.

Seja um bom ouvinte

- Faça a pesquisa. Antes de entrar em contato com um cliente, faça alguma pesquisa sobre ele ou sua empresa. Isso o ajudará a entender suas necessidades e desafios específicos.

- Use ferramentas de análise. Existem várias ferramentas de análise que podem ajudá-lo a entender o comportamento do cliente. Essas ferramentas podem fornecer informações valiosas sobre as necessidades e desejos dos seus clientes.

Use ferramentas de análise

Aqui estão algumas perguntas específicas que você pode fazer aos clientes para entender suas necessidades:

- Quais são os seus objetivos ao adquirir nossos produtos?
- Quais são as suas expectativas em relação a qualidade de nossos produtos?
- Quais são as suas prioridades nesse monto?
- Que tipo de produto, qualidade e serviço podemos a você dentro de nossos padrões?

Ao seguir essas dicas, você pode entender melhor as necessidades dos seus clientes e oferecer produtos ou serviços que atendam às suas necessidades específicas.

Perguntas abertas são aquelas que não podem ser respondidas com um simples "sim" ou "não". Elas exigem uma resposta mais completa, geralmente uma frase ou um parágrafo.

As perguntas abertas são úteis para coletar informações detalhadas sobre um tópico. Elas podem ser usadas para entender os pensamentos, sentimentos e experiências de outras pessoas.

Aqui estão alguns exemplos de perguntas abertas:

- Por que você decidiu comprar este produto?

- Como você acha que este produto pode ajudá-lo a alcançar suas expectativas?

- O que você acha que poderia ser melhorado em nossos produto e serviços?

Aqui está um passo a passo de como usar perguntas abertas:

1. Comece com uma pergunta aberta ampla. Isso lhe dará uma visão geral dos pensamentos e sentimentos do seu entrevistado.

2. Siga com perguntas mais específicas. Essas perguntas irão ajudá-lo a obter mais informações sobre os tópicos que você está interessado.

Siga com perguntas mais específicas

3. Ouça atentamente as respostas do seu entrevistado. Não se distraia ou interrompa.

4. Faça perguntas de acompanhamento para esclarecer ou obter mais informações.

Ao seguir essas etapas, você pode usar perguntas abertas para coletar informações valiosas sobre os seus clientes ou entrevistados.

As perguntas abertas são parte da abordagem em uma conversão de vendas e são usadas para **conhecer melhor o cliente em potencial**. Elas buscam criar um diálogo entre o representante de vendas e o possível comprador. São **perguntas investigativas**, usadas para fazer o cliente potencial falar mais sobre o que espera ao adquirir seu produto.

Na conversão de hoje, você irá conheça alguns exemplos de perguntas abertas que seus vendedores podem fazer aos clientes ao longo de uma conversão em vendas.

O que são perguntas abertas?

As perguntas abertas são aquelas que os vendedores fazem aos clientes em potencial e que não levam a respostas como "sim" ou "não". Essas perguntas **fazem com que os possíveis compradores comecem a falar – geralmente sobre sua situação, motivações ou objetivos**. Esse é o impactos que causa **as perguntas abertas nas vendas.**

Estudos conduzidos por especialistas, revelaram que as ligações de descoberta que performam melhor são aquelas onde **o potencial cliente fala durante 57% do tempo**, enquanto que **a fala do vendedor representa apenas 43%.**

Em outras palavras, o segredo para chamadas de descoberta de sucesso são **conversas equilibradas e bem orientadas** pelos vendedores.

Isso acontece porque é imprescindível entender plenamente a situação (que representa as expectativas) dos possíveis compradores para poder adaptar o rumo da conversa de acordo.

Nesse sentido, saber fazer **uma boa investigação e reunir o máximo possível de informações específicas sobre o do cliente** em potencial é fundamental para trazer o nível ideal de personalização à conversa.

E, nada melhor do que obter estas informações diretamente do seu cliente impotêncial, concorda? Isto é, fazendo perguntas estratégicas que **levem o possível comprador a fornecer o máximo de informações necessárias** para uma conversão de secesso e um atendimento totalmente personalizado construtivo para o cliente.

É aí que entram as perguntas abertas — que serão extremamente úteis para:

- **Demonstrar interesse genuíno:** a profundidade das perguntas, quando bem orientadas, dá espaço para o potencial cliente falar, transmitindo-lhe a mensagem de que a conversa realmente é orientada para solucionar um problema e não simplesmente fazer uma conversão em vendas.

- **Gerar confiança:** quando os representantes praticam a escuta ativa necessária para absorver as informações reveladas pelos possíveis compradores e adaptam seus produtos de acordo, buscando contextualizar os problemas e relacioná-los com a solução, cria-se um laço de confiança. Que sabemos ser um importante laço de confiança para a tomada de decisões dos clientes.

- **Provocando uma reflexão:** as perguntas certas farão os clientes em potencial perceberem, enquanto as respondem, a dimensão e urgência de seus problemas, atuando a favor do vendedor para gerar conscientização. A partir dela, é mais fácil relacionar a solução ao problema e, com isso, aumentar as chances de fazer o maior número em conversões

- **Reduzir as chances de não fazer a conversão:** afinal, os possíveis compradores não podem se sentir desconfortáveis com um interrogatório. Em vez disso, sentirem segurança e liberdade para falar sobre os problemas que enfrentam, além de também se abrirem para propostas de soluções irrecusáveis.

Vantagens das perguntas abertas

As perguntas abertas, além de trazerem mais informações e manterem a conversa fluindo, também trazem vantagens significativas para as vendas, como, por exemplo: **Criam uma conexão mais próxima com os clientes de forma duradoura e eficaz**

Ao formular perguntas abertas para seus clientes em potencial, os vendedores os estimulam a compartilhar o que sentem, o que pensam, o que desejam e o que precisam o que esperam de seu produto.

Enquanto isso, os vendedores colhem essas informações para **gerar uma conexão direta com estes clientes impotências**, um "fenômeno" conhecido como conversão.

Entenda o que é conversão e porque ele é tão importante nas vendas diretas e indiretas

Não é à toa que 80% dos vendedores acreditam que **perguntas abertas criam um relacionamento direto e afetivo com seus possíveis compradores**.

Perguntas abertas constroem relacionamento duradouros **e aumenta a conversão de vendas**

Quanto mais seu vendedor souber sobre seu cliente potencial, melhor poderá ajudá-lo, concorda em comprar o seu produto.

E, como vimos, as perguntas abertas são ótimas para incentivar o possível comprador a falar.

Com elas, **os vendedores descobrem exatamente o que os compradores querem com mais facilidade assim alcançando os seus objetivos** e ajustam seu discurso de vendas para fornecer as informações de que precisam para converter.

Assim, eliminam dúvidas e recusas já nos primeiros contatos, o que torna mais rápido uma conversão bem sucedida.

Gere confiança

Sabe qual é um dos maiores gatilhos para decisões de compra? A confiança.

Pare e pense nas suas compras. Quantas vezes você comprou algo simplesmente porque se identificou com o vendedor?

Pelo menos uma vez isso já aconteceu.

Isso não acontece só com você. É comum as pessoas buscarem agradar outras com as quais lhes desperta confiança e credibilidade.

E, na <u>conversão</u>, não é diferente: as compras nesse mercado também são feitas se baseando no emocional.

Na verdade 60%dos compradores são da conversão porque, são **mais inclinados a fazer compras baseados em valores emocionais, em vez de funcionais.**

Como fazer perguntas abertas?

Uma das principais razões para usar perguntas abertas é **obter respostas profundas, significativas e ponderadas.**

Mas, como fazer as perguntas abertas corretamente? Siga as dicas a seguir para ajudar ser um vendedor de sucesso criando diálogos valiosos com os seus potenciais clientes:

Como fazer perguntas abertas

As perguntas não devem ser abertas demais principalmente se o vendedor está procurando obter respostas específicas.

Assim, digamos que o vendedor queira entender sobre o que o cliente procura em uma solução.

O comprador pode responder sobre validade do produto, quando a intenção do vendedor era ouvir sobre funções e benefícios.

Portanto, em vez de perguntar "o que você procura em uma solução para resolver seu problema", o vendedor deve perguntar:

"Que tipo de produtos e recursos nós podemos apresentar para solução do seu problema?"

Em alguns casos podem exigir perguntas gradualmente mais abertas e diretas
Nem sempre as pessoas estão dispostas a dar respostas mais detalhadas logo de início.
Nesses casos, o vendedor deve ir abrindo as perguntas gradualmente.

Para este método, ele deve começar com perguntas com um foco mais restrito, depois fazer a transição para perguntas amplas e abertas, que exijam respostas mais detalhadas.

que levam a outras são estratégicas
A melhor maneira de manter o cliente falando é criar perguntas que levem a outras.
É possível fazer isso ao longo da conversa, **pegando ganchos que o próprio cliente vai lhe trazer**.
Para dar seguimento à conversa, o vendedor pode usar as expressões "como" e "por que" ou "conte-me mais sobre isso".
faça potenciais clientes serem incentivados a imaginarem um cenário maravilhoso se sentindo especial comprando seu produto.

Uma das vantagens das perguntas abertas é dar espaço para que o cliente reflita o quanto seu produto é bom lhes dando a melhor das imaginações, em vez de responder simplesmente sim ou não.
Os vendedores devem aproveitar isso para direcionar e influenciar a conversa, fazendo o cliente chegar por conta própria que fazer a compra do seu produto é a decisão certa.
Isso coloca os compradores no controle do diálogo e os fazem enxergar o vendedor como a pessoa que "lhe proporcionou momentos únicos.

Algumas perguntas abertas que podem ser usadas de formas mais persuasivas como: *"O que aconteceria se você resolvesse este problema?"* ou *"Qual seria o efeito dessa solução em sua vida"*?

Perguntas abertas não funcionam sem a escuta ativa

Os vendedores podem obter informações valiosas sobre os clientes ao formular as perguntas abertas adequadamente.

Mas, de nada vai adiantar se eles não estiverem realmente te ouvindo.

Isso significa **de fato parar tudo o que estão fazendo e se concentrar somente em ouvir.**

Sem apenas pensar em qual pergunta formular a seguir ou como ainda estão longe de bater a meta — ou se começou a chover e as janelas de casa estão abertas.

Esse ato de focar totalmente em ouvir se chama escuta ativa — e, para alguns vendedores pode ser difícil de aplicar.

Se esse for o caso dos seus vendedores, não se desespere eles usando esses métodos irão converter muitas vendas, pode ajudá-los a colocar a escuta ativa em prática.

Por fim, para que seus vendedores tenham cada vez mais confiança ao aplicar as perguntas abertas, **crie uma conversão direta usando o que você aprendeu isso chama se rotina** que são dramatizações onde os representantes de vendas podem praticar as perguntas que criaram e ter uma ideia de quais respostas podem obter.

Se quiser aprender a implementar uma rotina de conversão.

A teoria já está explicada, mas, na prática, tudo parece mais desafiador, não é mesmo?

O que faz total sentido, já que é nesse momento que os vendedores ou pré-compradores buscam **entender se a solução realmente faz sentido para aquele cliente e se essa negociação será lucrativa para ambas as partes.**

1. Autoridade: "Você pode decidir por esta compra sozinho?" "Quem mais está envolvido no processo de decisão?"

2. Situação: "Quais são os maiores desafios que você enfrenta atualmente?"

3. Problema: "Qual problema você esperava que nosso produto/serviço resolvesse?"

4. Necessidades: "Como você imagina que essa solução vai impactar na rotina da sua empresa?"

5. Orçamento: "Qual é o seu orçamento para produtos como este e quem o define?"

6. Objetivos: "Quais são suas principais metas para esse ano?"

7. Planos: "Você já tem uma estratégia definida para alcançar esses objetivos? Acredita que ela será efetiva?"

8. Desafios: "O que impede que sua empresa esteja preparada para atingir essa meta?"

9. urgência: "Até quando você pretende executar esse plano de ação?"

10. Consequências: "Se o problema não for solucionado, como isso vai impactar seu negócio?"

11. Implicações: "Se essa situação se resolver, o que isso significaria para você?"

Quer mais exemplos de perguntas de qualificação para sua conversão?

.

12. "Quais são os maiores desafios que você enfrenta atualmente?"

13. "Qual problema você esperava que nosso produto/serviço resolvesse?"

14. "Você pode dar um exemplo de quando você experimentou este ponto de dor? Como você se sentiu?"

Quer aprofundar ainda mais os conhecimentos dos vendedores em identificar as dores dos clientes?

Saber os fatores que tornarão sua conversão é fundamental para orientar o discurso de vendas e as ofertas a serem feitas aos potenciais clientes.

Confira alguns exemplos de perguntas abertas para sondagem:

15. "Para quais objetivos você está trabalhando agora?"

16. "Por que isso é uma prioridade para você agora?"

17. "Quais são suas principais prioridades ao usar uma solução como a nossa?"

05. COMO CONSTRUIR RELACIONAMENTOS COM OS CLIENTES?

Os relacionamentos com os clientes são essenciais para o sucesso de qualquer negócio. Quando os clientes confiam em você e em seus produtos ou serviços, eles estão mais propensos a comprar de você e a recomendar sua empresa a outras pessoas.

Aqui estão algumas dicas para construir relacionamentos com os clientes de confiança para ter melhor desempenho nas vendas:

- Conheça seus clientes. Aprenda o máximo possível sobre seus clientes, incluindo suas necessidades, desejos e desafios. Isso o ajudará a entender como seus produtos ou serviços podem ajudá-los.

- Seja um bom ouvinte. Quando você estiver conversando com um cliente, preste atenção ao que ele está dizendo. Não se preocupe em interromper ou oferecer soluções. Apenas escute e tente entender suas perspectivas.

- Seja honesto e transparente. Os clientes apreciam a honestidade e a transparência. Seja sincero sobre seus produtos ou serviços e sobre o que você pode oferecer.
- Seja confiável. cumpra as suas promessas e seja consistente com o seu serviço. Os clientes irão valorizar sua confiabilidade.
- Seja proativo. Não espere que os clientes venham até você. Entre em contato com eles regularmente para saber como eles estão e para ver como você pode ajudá-los.

Ao seguir essas dicas, você pode construir relacionamentos com os clientes de confiança que irão ajudá-lo a ter melhor desempenho nas vendas.

Aqui estão algumas estratégias específicas que você pode usar para construir relacionamentos com os clientes de confiança:

- Ofereça um serviço de atendimento ao cliente de alta qualidade. Quando os clientes sentirem que você se preocupa com eles e com suas necessidades, eles estarão mais propensos a confiar em você.
- Personalize suas interações com os clientes. Mostre aos clientes que você se lembra deles e de suas necessidades.
- Crie oportunidades para os clientes se engajarem com sua empresa. Isso pode ser feito por meio de mídias sociais, eventos ou programas de fidelidade.

Ao investir no relacionamento com os clientes, você pode criar uma base sólida para o sucesso de seu negócio.

06. COMO SER CLARO NO VALOR E OFERTA DOS PRODUTOS COM SEUS CLIENTES?

Ser claro no valor e oferta dos produtos com seus clientes é essencial para o sucesso de qualquer negócio. Quando os clientes entendem o valor do que você está oferecendo, eles estão mais propensos a comprar de você.

Aqui estão algumas dicas para ser claro no valor e oferta dos produtos com seus clientes de forma direta e eficaz:

- Concentre-se nas necessidades do cliente. O que o cliente precisa ou deseja? Como seu produto ou serviço pode ajudá-lo a alcançar suas expectativas e seus objetivos?

- Use linguagem simples e direta. Evite pré definições ou termos técnicos que o cliente possa não entender.

- Forneça exemplos concretos. Explique como seu produto ou serviço pode ser usado para resolver um problema ou atender a uma necessidade especifica.

- Faça comparações. Compare seu produto ou serviço com outros produtos ou serviços semelhantes.
- Ofereça garantias ou benefícios. Mostre aos clientes como eles podem se beneficiar ao comprar de você.

Aqui estão alguns exemplos específicos de como você pode ser claro no valor e oferta dos produtos com seus clientes:

- Se você vende um software, pode destacar como ele pode ajudar os clientes a economizar tempo ou dinheiro.
- Se você vende um produto, pode destacar como ele é durável ou fácil de usar.
- Se você oferece um serviço, pode destacar como ele é personalizado e confiável.

Ao seguir essas dicas, você pode ser claro no valor e oferta dos produtos com seus clientes de forma direta e eficaz. Isso o ajudará a aumentar as vendas e a construir relacionamentos duradouros com seus clientes.

Aqui estão algumas estratégias específicas que você pode usar para ser claro no valor e oferta dos produtos com seus clientes:

- Crie uma proposta de valor claro e conciso. Essa proposta deve resumir os benefícios que seu produto ou serviço oferece aos clientes.
- Use conteúdo de marketing eficaz. Seu conteúdo de marketing, como seu site, materiais de vendas e conteúdo de mídia social, deve destacar o valor do seu produto e serviço.
- Ofereça demonstrações ou testes gratuitos. Isso permitirá que os clientes experimentem seu produto ou serviço antes de comprar.

- Ofereça suporte ao cliente de alta qualidade. Um bom suporte ao cliente pode ajudar a construir confiança e credibilidade com seus clientes.

Ao investir em estratégias para ser claro no valor e oferta dos produtos com seus clientes, você pode aumentar as chances de sucesso de seu negócio.

07. COMO USAR UMA TÁTICA PERSUASIVA EFICAZ COM SEUS CLIENTES?

A persuasão é a arte de influenciar o comportamento de outras pessoas. Quando usada de forma eficaz, a persuasão pode ajudar você a aumentar as vendas, construir relacionamentos com os clientes e alcançar seus objetivos de negócios rapidamente.

Vou mostrar algumas dicas para usar táticas persuasivas, eficazes e muito atraentes com seus clientes:

- Concentre-se nas necessidades do cliente. O que o cliente precisa ou deseja? Como seu produto ou serviço pode ajudá-lo a alcançar seus objetivos?

Busque as necessidades do cliente

- Use linguagem simples e direta. Evite bordões ou

termos que o cliente possa não entender.

Use linguagem simples e direta

- Forneça exemplos concretos. Explique como seu produto pode ser usado para resolver um problema assim como vai atender suas necessidades.

Forneça exemplos concretos

- Faça comparações. Compare seu produto ou serviço com outros produtos ou serviços semelhantes mostre relatos de pessoas que já ficaram satisfeitos com seus produtos.

Faça comparações

- Ofereça garantias e benefícios. Mostre aos clientes como eles podem se beneficiar ao comprar de você.

Aqui estão alguns exemplos específicos de como você pode usar táticas persuasivas com seus clientes:

- Se você está vendendo um produto, pode destacar como ele é durável ou fácil de usar.

- Se você está oferecendo um serviço, pode destacar como ele é personalizado e confiável.

- Se você está tentando construir relacionamentos com os clientes, pode oferecer descontos e brindes.

Ao seguir essas dicas, você pode usar táticas persuasivas, eficazes e atraentes com seus clientes. Isso o ajudará a aumentar as vendas, construir relacionamentos duradouros com seus clientes e alcançar seus objetivos de negócios.

Aqui estão algumas estratégias específicas que você pode usar para usar táticas persuasivas com seus clientes:

- Crie uma proposta de valor clara e concisa. Essa proposta deve resumir os benefícios que seu produto e serviço tem a oferece aos clientes.

- Use conteúdo de marketing eficaz. Seu conteúdo de marketing, como seu site, materiais de vendas e conteúdo de mídia social, deve destacar o valor do seu produto ou serviço.

- Ofereça demonstrações ou testes gratuitos. Isso permitirá que os clientes experimentem seu produto ou serviço antes de comprar.

08. COMO CONSEGUIR FECHAR UM ÓTIMO NEGÓCIO COM OS CLIENTES USANDO SEUS PRODUTOS?

Para conseguir fechar um ótimo negócio com os clientes usando seus produtos, é importante seguir algumas dicas:

- Conheça seus produtos e serviços a fundo. Você deve estar familiarizado com todos os aspectos de seus produtos e serviços, incluindo seus benefícios, características e diferenciais competitivos dos seus concorrentes.
- Conheça seus clientes e suas preferências. Entenda as

necessidades e desejos dos seus clientes para que você possa oferecer a solução certa para eles no momento que seus serviços forem solicitados.

- Seja persuasivo na medida certa de acordo com cada cliente e momento. Saiba como comunicar o valor de seus produtos e serviços aos seus clientes de forma eficaz e direta.

- Seja flexível. Esteja disposto a negociar para chegar a um acordo que beneficie ambas as partes.

Aqui estão algumas estratégias específicas que você pode usar para fechar ótimos negócios com seus clientes:

- Concentre-se nas necessidades do cliente. O que o cliente precisa e deseja? Como seus produtos e serviços podem ajudá-lo a alcançar seus objetivos de ambos?

- Use linguagem simples e direta. Assim como termos técnicos que o cliente tenha dificuldades em entender.

- Forneça exemplos concretos. Explique como seus produtos e serviços podem ser usados para resolver um problema e atender a uma necessidade especifica.

- Faça comparações. Compare seus produtos, preços e serviços com outros produtos e serviços semelhantes.

- Ofereça garantias mais benefícios. Mostre aos clientes como eles podem se beneficiar ao comprar de você um produto de alta qualidade.

Aqui estão alguns exemplos específicos de como você pode usar essas estratégias para fechar ótimos negócios:

- Se você está vendendo um produto, pode destacar como ele é durável, fácil de usar, confiável.

- Se você está oferecendo um serviço, pode destacar como ele é personalizado, confiável.

- Se você está tentando construir relacionamentos com

os clientes, pode oferecer descontos mais brindes até mesmo garantia estendida.

Ao seguir essas dicas e estratégias, você pode vai aumentar suas chances de converter ótimos negócios com seus clientes e alcançar seus objetivos, negócios e metas.

Aqui estão algumas dicas adicionais que podem ajudá-lo a fechar ótimos negócios com seus clientes:

- Seja profissional educado. Sempre trate seus clientes com muito respeito, mesmo que eles não estejam interessados em comprar seus produtos e serviços.
- Seja paciente. Não espere que os clientes tomem uma decisão imediatamente. Dê-lhes tempo para pensar e considerar suas opções.
- Siga o cliente. Mesmo que o cliente não feche negócio imediatamente, continue a contatá-lo. Você pode estar no caminho certo para fechar um negócio fazendo uma ótima conversão no futuro.

Ao seguir essas dicas, você pode se tornar um vendedor mais eficaz e fechar ótimos negócios com seus clientes e ter uma grande taxa de conversão.

09. COMO DEIXAR OS OBJETIVOS DE SUA EMPRESA E PRODUTOS CLAROS PARA SEUS CLIENTES?

Deixar os objetivos de sua empresa e produtos claros para seus clientes é importante para construir confiança e credibilidade. Isso ajuda os clientes a entender o que sua empresa realmente representa e como seus produtos e serviços podem ajudá-los a alcançar seus objetivos.

Aqui estão algumas dicas para deixar os objetivos de sua empresa e produtos claros para seus clientes:

- Crie uma proposta de valor clara e eficaz. Sua proposta de valores deve se resumir os benefícios que sua empresa e produtos tem a oferecem aos clientes.
- Use linguagem simples mais direta. Evite abreviações e

termos que o cliente possa não entender.

- Forneça exemplos concretos. Explique como seus produtos e serviços podem ser usados para resolver um problema ou atender a uma necessidade no geral.

- Faça comparações. Compare seus produtos e serviços com outros produtos e serviços com da concorrência.

- Ofereça garantias mais benefícios. Mostre aos clientes como eles podem se beneficiar ao comprar de você.

Aqui estão alguns exemplos específicos de como você pode deixar os objetivos de sua empresa e produtos claros para seus clientes:

- Se sua empresa é uma empresa de software, você pode destacar como seus produtos podem ajudar os clientes a economizar tempo ou dinheiro.

- Se sua empresa é uma empresa de bens de consumo, você pode destacar como seus produtos são duráveis ou fáceis de usar.

- Se sua empresa é uma empresa de serviços, você pode destacar como seus serviços são personalizados ou confiáveis.

Ao seguir essas dicas, você pode deixar os objetivos de sua empresa e produtos claros para seus clientes. Isso ajudará você a construir confiança e credibilidade e aumentar as vendas.

Aqui estão algumas estratégias específicas que você pode usar para deixar os objetivos de sua empresa e produtos claros para seus clientes:

- Crie um site ou blog que destaque os objetivos de sua empresa e produtos. Seu site ou blog deve ser fácil de navegar e entender.

- Use conteúdo de marketing eficaz. Seu conteúdo de

marketing, como seus materiais de vendas e conteúdo de mídia social, deve destacar os objetivos de sua empresa e produtos.

· Ofereça demonstrações ou testes gratuitos. Isso permitirá que os clientes experimentem seus produtos ou serviços antes de comprar.

· Ofereça suporte ao cliente de alta qualidade. Um bom suporte ao cliente pode ajudar a construir confiança e credibilidade com seus clientes.

Ao investir em estratégias para deixar os objetivos de sua empresa e produtos claros para seus clientes, você pode aumentar as chances de sucesso de seu negócio.

10. COMO APRESENTAR SEUS PRODUTOS COM MENSAGENS CLARAS E CONCISAS AO SEU PÚBLICO ALVO?

*Para apresentar seus produtos
com mensagens claras e diretas
ao seu público alvo, é importante
seguir alguns passos:*

1. Defina seu público alvo. O que você sabe sobre as pessoas que você quer atingir? Quais são suas necessidades e desejos? Quais são suas dores e problemas? Quanto mais você souber sobre seu público alvo, mais fácil será comunicar sua mensagem de forma eficaz.

2. Concentre-se nos benefícios do produto. O que seu produto oferece ao seu público alvo? Como ele pode ajudá-los a resolver seus problemas ou alcançar seus objetivos? Foque em comunicar os benefícios do produto, e não em suas características.

3. Use uma linguagem simples e direta. Evite jargões técnicos ou linguagem complexa. Use palavras e frases que seu público alvo possa entender facilmente.

4. Seja conciso. As pessoas têm uma atenção curta, então é importante ser breve e direto em sua comunicação. Evite mensagens longas e complicadas.

5. Use imagens e vídeos. Imagens e vídeos podem ajudar a comunicar sua mensagem de forma mais eficaz. Eles podem ser usados para mostrar o produto em ação ou para ilustrar os benefícios que ele oferece.

Aqui estão algumas dicas específicas para apresentar seus produtos em diferentes canais de comunicação:

- Site: Seu site é a sua principal ferramenta de marketing, portanto, é importante investir em uma boa apresentação de seus produtos. Use imagens de alta qualidade, vídeos e uma linguagem clara e concisa para comunicar seus benefícios.

- Redes sociais: As redes sociais são um ótimo canal para se conectar com seu público alvo e compartilhar informações sobre seus produtos. Use imagens e vídeos para chamar a atenção e use hashtags para alcançar mais pessoas.

- E-mail marketing: O e-mail marketing é uma ótima maneira de se comunicar diretamente com seu público alvo. Use uma linguagem personalizada e relevante para o interesse do seu público.

- Publicidade: A publicidade pode ser uma ótima maneira de alcançar um público amplo. Use mensagens claras e concisas para comunicar sua mensagem e use imagens e vídeos para chamar a atenção.

Ao seguir essas dicas, você pode criar mensagens claras e concisas que ajudarão a comunicar seus produtos de forma eficaz ao seu público alvo.

Aqui estão alguns exemplos específicos de como você pode apresentar seus produtos de forma clara e concisa:

- No seu site, você pode criar uma página de produto que destaque os principais benefícios do produto e inclua imagens ou vídeos que o mostrem em ação.

- Nas redes sociais, você pode compartilhar imagens ou vídeos do produto em uso ou criar conteúdo que destaque os benefícios do produto.

- No e-mail marketing, você pode personalizar suas mensagens com o nome do cliente e incluir informações relevantes para seus interesses.

- Na publicidade, você pode usar anúncios curtos e diretos que destaquem os principais benefícios do produto.

Lembre-se de que a melhor maneira de apresentar seus produtos de forma clara e concisa é testar diferentes abordagens e ver o que funciona melhor para o seu público alvo.

11. COMO MEDIR E ANALISAR OS SEUS RESULTADOS DE VENDAS E CAMPANHAS?

A medição e análise dos resultados de vendas e campanhas é fundamental para qualquer empresa que deseja ter sucesso. Isso permite que você identifique o que está funcionando bem e o que precisa ser melhorado.

Para medir os seus resultados, você precisa definir as métricas que serão usadas. As métricas mais comuns para vendas incluem:

- Receita: o total de dinheiro que você ganhou com vendas.

- Margem de lucro: a diferença entre o preço de venda e o custo dos produtos ou serviços vendidos.

- Quantidade de vendas: o número de produtos e serviços que você vendeu.

- Taxa de conversão: a porcentagem de pessoas que realizaram uma ação desejada, como comprar um produto como assinar um serviço.

Para campanhas de marketing, as estratégias mais comuns incluem:

- Alcance: o número de pessoas que viram o seu conteúdo.

- Engajamento: o número de pessoas que interagiram com o seu conteúdo, como clicando em um link e curtindo uma publicação.

- Custo por conversão: o custo de aquisição de um cliente potencial.

- Custo por aquisição: é o custo de aquisição de um novo cliente.

Uma vez que você tenha definido as estratégias que serão usadas, você precisa coletar os dados. Você pode fazer isso manualmente e também usando uma ferramenta de análise de dados.

Depois de coletar os dados, você precisa analisá-los para identificar as tendências e padrões. Você pode usar gráficos e tabelas para visualizar os dados e facilitar a análise.

A análise dos resultados deve ser feita de forma regular, para que você possa identificar rapidamente qualquer problema assim como oportunidade de melhoria.

Aqui estão algumas dicas para medir e analisar os seus resultados de vendas e as estratégias das campanhas:

- Defina metas específicas e mensuráveis para o seu negócio. Isso o ajudará a determinar quais estratégias são mais importantes para você.

- Colete dados de forma consistente. Isso permitirá que você compare os resultados ao longo do tempo.

- Analise os dados de forma efetiva. Evite tirar conclusões precipitadas principalmente no início.

- Use os resultados para tomar as decisões certas. Os resultados devem ajudá-lo a melhorar as suas estratégias de vendas e marketing.

Ao seguir essas dicas, você poderá medir e analisar os seus resultados de vendas e conversão nas campanhas de forma eficaz. Isso o ajudará a ter mais sucesso no seu negócio.

12. COMO BUSCAR ESTRATÉGIAS ARROJADAS PARA MANTER O SEU PRODUTO SEMPRE ATUALIZADO?

Em um mercado cada vez mais competitivo e dinâmico, é essencial que as empresas busquem estratégias arrojadas para manter seus produtos sempre atualizados. Isso é fundamental para manter a competitividade, para atrair novos clientes e fidelizar os produtos.

Aqui estão algumas dicas para criar estratégias arrojadas para manter o seu produto sempre atualizado no mercado:

- Faça pesquisas de mercado regularmente. Isso ajudará você a identificar as tendências do mercado e as necessidades dos seus clientes.

- Faça testes com seus clientes. Isso permitirá que você obtenha feedbacks sobre o seu produto e identifique áreas de melhoria.

- Invista em propagandas nas redes sociais e em inovação. Esteja sempre buscando novas tecnologias e soluções que possam melhorar o seu produto.

- Seja flexível e adaptável. Esteja disposto sempre a mudar e se adaptar às mudanças do mercado.

Aqui estão alguns exemplos de estratégias arrojadas que as que sua empresa pode adotar para manter seus produtos atualizados e em alta no mercado:

- Adicione novos recursos e funcionalidades. Isso pode ajudar a melhorar o desempenho do produto e assim atender a novas necessidades dos clientes.

- Atualizar suas redes socias com frequência e , o design dos produtos. Isso pode ajudar a torná-los mais atraentes e fácil de apresenta lós.

- Melhorar a performance dos produtos. Isso pode ser feito por meios de melhorias na tecnologia e na infraestrutura dos produtos bem como sua empresa.

- Adicione novos canais de distribuição. Isso pode ajudar a alcançar um público maior.

- Crie novos modelos de negócio. Isso pode ajudar a aumentar as vendas e atrair novos clientes.

A escolha da estratégia mais adequadas dependerá das características dos seus produtos, no mercado e dos objetivos da sua empresa. No entanto, é importante que a sua empresa esteja sempre buscando maneiras de melhorar seus produtos, serviços e atender às necessidades dos seus clientes.

Aqui estão algumas estratégias arrojadas e específicas que você pode considerar uma ótima estratégia:

- Crie um programa de feedback regular com seus clientes. Isso permitirá que você entenda suas necessidades e expectativas em tempo real.

- Invista em tecnologia de ponta para automatizar tarefas e melhorar a eficiência. Isso liberará tempo e recursos para que você possa se concentrar na inovação.

- Crie parcerias com outras empresas para desenvolver novos produtos e serviços. Isso pode ajudá-lo a acessar novas tecnologias e conhecimentos mútuos.

- Esteja sempre aberto a experimentar novas ideias e conceitos. Não tenha medo de arriscar e sair da sua zona de conforto porque seu sucesso depende disso.

Ao adotar estratégias arrojadas para manter seus produtos atualizados, você estará posicionando sua empresa para o sucesso no futuro com altas conversões em vendas.

13. COMO FAZER A PERSONALIZAÇÃO DE SUA MARCA E PRODUTOS, PARA ATRAIR A ATENÇÃO DOS SEUS CLIENTES?

A personalização é uma ótima maneira de atrair a atenção de novos clientes e fazê-los se sentirem especiais. Quando os clientes sentem que uma marca os entende e está falando diretamente com eles, é mais provável que comprem seus produtos de forma instantânea.

Aqui vou te mostrar algumas dicas para personalizar sua marca e produtos:

- Conheça seu público-alvo. Quanto mais você souber sobre seus clientes, melhor poderá personalizar sua marca e produtos para eles. Isso inclui entender suas necessidades, desejos e pontos fracos.

- Use dados para personalizar suas mensagens. O uso de dados podem ajudá-lo a entender o comportamento de seus clientes e como eles interagem se tornando um grande grupo de conversão para a sua marca. Você pode usar esses dados para criar mensagens personalizadas que sejam mais relevantes para eles.

- Ofereça opções. Os clientes gostam disso então dê a eles a sensação de que estão realmente no controle. Ao oferecer opções, você permite que eles personalizem sua própria experiência mais com a sua marca. Isso pode ser feito de várias maneiras, como permitir que os seus clientes escolham cores, estilos e até mesmo os recursos.

- que sua empresa tem disponível.

- Torne isso pessoal. Por que uma das melhores maneiras de personalizar sua marca é torná-la pessoal para seu cliente. Isso significa usar o nome do cliente, falar sobre seus interesses e mostrar que você se preocupa com ele não só como um cliente mais como um amigo querido e próximo.

Aqui estão alguns exemplos específicos de como você pode personalizar sua marca e produtos para uma melhor conexão com o cliente:

- Envie e-mails personalizados. Os e-mails personalizados são uma ótima maneira de se conectar de forma direta com seus clientes em um nível individual. Você pode usar também a personalização para segmentar seus e-mails com base nos interesses do cliente, histórico de compras e comportamento.

- Crie conteúdos personalizados. Os conteúdos personalizados podem ajudá-lo a fornecer aos seus clientes informações relevantes e envolventes. Isso pode incluir coisas como postagens em blog personalizadas, vídeos, fotos e até mesmo os seus produtos físicos.

- Ofereça descontos e promoções personalizados para cada perfil de clientes de forma arrojada e individual. Todo mundo adora um bom desconto, e os clientes são mais propensos a aproveitar as ofertas que são personalizadas para eles. Você pode usar dados para criar descontos e promoções que sejam relevantes para os interesses e necessidades individuais do cliente de uma forma abrangente.

- Dê aos clientes uma experiência torne os vip. Faça com que seus clientes se sintam a cada atendimento especiais, oferecendo-lhes uma experiência vip e única para cada um deles. Isso pode incluir coisas como acesso antecipado a seus produtos, brindes convites para eventos exclusivos de sua marca, produtos entre outros.

A personalização é uma das ferramentas mais poderosas poderosa que existe hoje no mercado e que pode ajudá-lo a atrair novos clientes e construir relacionamentos mais fortes e duradouros com os clientes existentes e potenciais. Ao personalizar sua marca e produtos, você também pode mostrar aos seus clientes que você os entende de forma clara e por isso se preocupa com eles. Isso os deixará mais à-vontades e propensos a comprar de você qualquer serviço, produto e permanecerão fiéis à sua marca por muitos anos.

14. COMO CONSTRUIR UM RELACIONAMENTO FORTE E EFICAZ COM SEUS CLIENTES?

1. Concentre-se na experiência do cliente. Cada interação que um cliente tem com sua empresa, desde o momento em que ele conhece sua marca até o momento em que faz uma compra e além, é uma oportunidade de construir um relacionamento. Certifique-se de que cada interação seja positiva e memorável para ambos.

2. Comunique-se com seus clientes regularmente de forma amável. Mantenha contato com seus clientes por meio de e-mail, mídia social, forma direta e telefone. Deixe-os saber sobre novos produtos, serviços, ofertas especiais e eventos. Também é importante responder às perguntas e preocupações frequentes que os seus clientes venham a ter em tempo hábil e de forma concisa e clara não deixando dúvidas.

Comunicação com o cliente

3. Ofereça um excelente atendimento aos clientes. Quando os clientes tiverem um problema, certifique-se de que seja fácil para eles entrarem em contato com você e obterem ajuda seja por redes sociais, telefones e e-mails.Tenha uma equipe de atendimento especializada para atender ao cliente de forma amigável, conhecedora das soluções e informações dos serviços e produtos que esteja disponível para ajudar os clientes a resolver seus problemas.

Atendimento ao cliente

4. Recompense seus clientes por sua fidelidade com ofertas especiais, descontos e brindes. Você também pode criar um programa de fidelidade que recompense os clientes por suas compras.

Recompensar clientes

5. Peça feedback dos clientes dos clientes sobre seus produtos, serviços e experiência em geral. Use esse feedback para melhorar seu atendimento e negócio e atender melhor a cada dia às necessidades de seus clientes de uma forma bem mais abrangente.

Ao seguir essas dicas, você pode construir relacionamentos fortes, verdadeiros e eficazes com seus clientes a curto e longo prazo. Isso levará a um aumento nas vendas, fidelidade à marca e defensoria do cliente.

A Experiência: Oferecer experiências positivas aos seus clientes **é fundamental para o sucesso** do seu negócio.

Cliente feliz é aquele que provavelmente se tornará um cliente fiel e, desse modo, pode ajudá-lo a divulgar a sua marca, produtos e serviços **lhe trazendo cada vez mais conversões em vendas.** A maior satisfação dos mundos para o seu negócio é ter clientes que lhe sejam leais a sua empresa e a promovam fazendo um marketing boca a boca, e defendendo sua marca, produtos e serviços.

Com o objetivo de identificar formas de fazer o cliente feliz, **o IDEQ 21 atua em Pesquisas de Satisfação de Clientes, Fidelidade à Marca.**

os resultados entregam Inspiração, mantendo um **ideal de excelência no coração da empresa**.

Por certo, a maneira como você pensa sobre esse tema tem um impacto profundo em como você vê sua empresa no momento atual e a longo prazo como um todo. Entretanto, essa é apenas uma das razões pelas quais criar e ficar obcecado por uma ótima experiência ao cliente é tão importante.

Se a vivência atual do seu cliente não tiver um padrão de excelência, você deve **empregar muitas estratégias para descobrir como melhorá-la e por onde começar.** O que é Experiência do Cliente?

Em logica, essa vivência **é a impressão que seu cliente tem da sua marca, serviço e produtos como um todo**, considerando todos os aspectos positivos e negativos e etapas da jornada que ele (o comprador) tem de passar no seu relacionamento com a empresa.

Isso resulta na visão que os clientes têm da sua marca e, por consequência disso, impacta os fatores relacionados aos seus resultados, **incluindo as conversões e receita de vendas**. Por meio de Pesquisas de Satisfação e Fidelidade, analisando a experiência com problemas dos clientes, é possível identificar sua perda potencial financeira a longo prazo.

Os dois principais pontos de contato que criam a experiência do cliente são **pessoas**, serviços e **produtos**.

Deve-se perguntar, por exemplo: *o que vocês acharam do sabor, embalagem e a durabilidade do nosso produto? Vocês estão satisfeitos com o atendimento feito por nosso representante de suporte ao cliente ele lhe deu toda ajuda para resolver seu problema?*

Certamente, estas são apenas algumas questões gerais sobre quais fatores estão em jogo.

Um estudo global de **CX da Oracle** descobriu que 74% dos executivos seniores acreditam que a **experiência do cliente** afeta a sua disposição em ser leal à empresa.

Se você deseja que seus clientes permaneçam fiéis, você precisa investir na experiência deles!

Etapas para mensurar a Experiência do Cliente

Uma excelente experiência do cliente é **crucial para o crescimento sustentado de qualquer negócio**. Uma experiência positiva promove a fidelidade, pois ajuda a manter os clientes e o incentiva a defender a sua marca.

Os clientes têm uma infinidade de opções em serviços, produtos e preços acessíveis para escolher na ponta dos dedos, além dos recursos necessários oferecidos para se educar e fazer compras por conta própria.

É por isso que é tão importante proporcionar uma experiência marcante e fazer com que seus clientes queiram continuar fazendo negócios com você tendo em vista que, os clientes são seu melhor triunfo e recurso para aumentar o reconhecimento de sua marca e se destacar da concorrência.

1. **Solicitar aos clientes sugestões de melhorias, produtos, recursos e serviços**

2. **Analisar a resolução de problemas junto ao suporte ao cliente.**

Isso mostra aos clientes que os está ouvindo e se importa com o que eles têm a dizer.

Além disso, você pode optar por acompanhar o feedback do

cliente – seja ele positivo ou negativo – para se conectar com os clientes, de forma mais profunda e fortalecendo seu relacionamento com eles e melhorar sua retenção e fidelidade.

Veja se sua taxa de desistência está aumentando ou diminuindo, os motivos da desistência e as ações que sua equipe pode tomar no futuro para evitar uma situação semelhante.

3. Solicitar aos clientes sugestões de melhorias, produtos ou recursos.

Crie a oportunidade para seus clientes sugerirem melhorias, novos produtos e serviços bem como soluções para os problemas que estão tentando resolver.

Certamente, essas oportunidades podem ser criadas por meio de **pesquisa por e-mail, mídia social ou uma página da comunidade.** Em suma, dê aos clientes a oportunidade de oferecer sugestões proativamente!

Isso não significa que você deve implementar todas as sugestões recebidas, todavia, se houver muitas recorrentes surgindo, pode vale apena investir tempo e soluções nelas.

4. Analisar a resolução de problemas junto ao suporte ao cliente.

Analise os **problemas enfrentados por seus clientes em relação a seus produtos e serviços** e que seus representantes de suporte estão trabalhando para resolver todos os dias.

Se houver problemas recorrentes, analise os possíveis motivos para esses tropeços e como você pode fornecer soluções eficazes.

Sem dúvida, isso permitirá que você diminua o número total de problemas e reclamações proporcionando uma experiência simplificada e agradável para todos os seus clientes.

15. COMO EXERCER UMA GRANDE INFLUÊNCIA COM OS CLIENTES ATRAVÉS DO MARKETING?

Existem diversas maneiras de exercer uma grande influência sobre os clientes através do marketing. Aqui vou te ensinar algumas dicas:

1. Crie uma marca forte: Uma marca forte é essencial para influenciar os clientes. Ela deve ser única, memorável e relevante para o seu público-desejado.

2. Conte a história de envolvente sobre sua marca: As histórias são uma ótima maneira de se conectar com os clientes em um nível emocional muito grande. Crie histórias que mostrem como seus produtos e serviços podem melhorar a vida dos clientes de forma significativa.

3. Use a emoção: As pessoas são mais propensas a serem influenciadas por decisões emocionais do que por lógicas. Use o marketing emocional para criar uma conexão emocional com os clientes.

4. Ofereça provas sociais: As pessoas são mais propensas a comprar produtos e serviços que outras pessoas já compraram e aprovaram. Use depoimentos, avaliações reais e outros tipos de provas sociais para influenciar os clientes sobre a qualidade de seus produtos e serviços.

5. Crie escassez: As pessoas são mais propensas a querer algo que é escasso e difícil de obter. Crie um senso de urgência e exclusividade para influenciar os clientes a comprarem seus produtos e serviços.

6. Use gatilhos mentais: Os gatilhos mentais são atalhos mentais que as pessoas usam para tomar decisões. Use gatilhos mentais como reciprocidade, escassez e urgência para influenciar os clientes.

7. Seja consistente: A consistência é a chave para o sucesso em qualquer área, inclusive no marketing. Seja consistente com sua marca, suas mensagens e suas ações para influenciar os clientes de forma efetiva.

8. Seja autêntico em suas publicações: As pessoas são mais propensas a serem influenciadas por marcas autênticas e transparentes. Seja honesto e transparente com seus clientes para construir confiança e influência.

9. Seja relevante: O marketing só é eficaz se for relevante para o seu público-alvo. Certifique-se de que suas mensagens e ofertas sejam relevantes para as necessidades e desejos dos seus clientes.

10. Seja paciente: Influenciar os clientes leva algum tempo e principalmente esforço. Então seja paciente e persistente com

seus esforços no marketing para alcançar o sucesso desejado para sua marca.

Se você seguir essas dicas, você pode exercer uma grande influência sobre os clientes através do marketing.

Lembre-se: o marketing é uma ferramenta poderosa para quem sabe usá-la que pode ser usada para influenciar os clientes de forma genuína. Use essa ferramenta com responsabilidade, sabedoria e acima de tudo com muita ética para construir relacionamentos duradouros e verdadeiros com seus clientes.

16. O QUE É MARKETING AGRESSIVO?

O marketing agressivo é uma forma de marketing que utiliza táticas persuasivas e muitas vezes ininterruptas para alcançar um público. É frequentemente usado por empresas que estão tentando aumentar rapidamente a participação no mercado e ganhar vantagem sobre seus eventuais concorrentes.

Algumas táticas comuns de marketing agressivo incluem:

- Publicidade: A publicidade agressiva é caracterizada por mensagens fortes que chamam atenção nas chamadas. Muitas vezes usa imagens e linguagem controversas para gerar expectativas e atenção.

- Vendas pessoais: Vendas agressivas envolvem vendedores que são muito insistentes e pressionam os clientes a comprar um produto e serviços. Eles podem usar táticas de alta pressão, como fazer promessas que não podem ser cumpridas usar linguagem manipuladoras.

Vendas agressivas

- Promoções: as promoções agressivas oferecem descontos, serviços e brindes que são muito bons para ser verdade. Muitas vezes são usados para atrair clientes para uma loja ou site, mas podem ser enganosos e fraudulentos.

Promoções agressivas

- Marketing direto: O marketing direto nada mais é que envolver e direcionar os clientes com mensagens não solicitadas. Isso pode ser feito por correio, telefone, e-mail e mídia social.

O marketing agressivo pode ser eficaz para alcançar um público e gerar conversões em vendas a curto prazo. No entanto, também pode ter consequências negativas, como prejudicar a reputação de uma empresa e alienar clientes.

Vou te mostrar, aqui estão algumas das desvantagens do marketing agressivo:

- Pode ser irritante e ofensivo para os clientes.
- Pode prejudicar a reputação de uma empresa.
- Pode levar a práticas de vendas antiéticas.
- Pode alienar os clientes e prejudicar a fidelidade à sua marca.

As empresas devem usar o marketing agressivo com cautela, responsabilidade e considerar cuidadosamente os riscos e benefícios antes de usar essa estratégia.

17. COMO ADOTAR AS ESTRATÉGIAS CERTAS PARA TER SUCESSO E MAIOR FLUXO EM SUAS VENDAS?

Existem muitas estratégias que você pode adotar para ter sucesso e aumentar o fluxo em suas vendas. Aqui estão algumas dicas:

- Defina metas claras e mensuráveis. O que você quer alcançar com suas vendas? Depois de saber quais são seus objetivos, você pode desenvolver um plano para alcançá-los.

Definir metas de vendas

- Conheça antes de qualquer coisa seu público-alvo. Quem são seus clientes ideais para seu negócio?

Quais são suas necessidades e desejos? Quanto mais você souber sobre seu público-alvo, mais eficaz será sua estratégia de conversão em vendas.

Crie uma proposta de valor convincente. Por que os seus clientes devem comprar de você e não de seus concorrentes? Sua proposta de valor deve ser clara, concisa e convincente. Um dos erros mais comuns no mercado é a identificação do público-alvo. Muitas empresas ainda trabalham com aquele modelo antigo, em que são listadas apenas características simplistas como faixa etária, classe social e gênero, por exemplo.

Porém, para ter um público-alvo bem definido, precisamos ir muito mais além disso. Hoje, o importante é entender as particularidades de cada possível cliente e descobrir como eles se comportam no dia a dia, e, quais são suas maiores dificuldades, seus maiores medos, objetivos e muito mais.

Um estudo aprofundado das pessoas não só ajudará a responder todas essas perguntas, mas também explicará como o seu negócio pode prosperar de acordo com as necessidades e dificuldades enfrentadas pelo seu público potencial.

Entenda o comportamento do seu público-alvo

Entender como o seu público-alvo é fundamental para conseguir expandir o seu negócio e aumentar suas vendas. Portanto, é preciso identificar como são os seus hábitos de consumo, onde ele busca informações e com que frequência adquirem determinados produtos e serviços.

Além disso, também é preciso saber como consomem os bens que são comercializados pela sua empresa. O seu público tem o hábito de pedir sugestões e indicações para amigos e familiares? Gosta de conferir na internet média de preço? Ou ele é um tipo que consome por impulso?

Com essas respostas em mãos, fica muito mais fácil direcionar suas estratégias.

Descubra quais são suas objeções de compra

Outro ponto fundamental para conhecer seu público-alvo é entender quais são suas objeções de compra. Para isso, é preciso trabalhar diretamente com o setor de vendas e o de atendimento ao cliente.

Converse com seus colaboradores e descubra quais são os problemas que tendem a ser apresentados pelo público com mais frequência. Junto a essa informação treine e renove a sua equipe para aprender a lidar com tais dificuldades e para coletar sempre novos dados, a fim de que esteja preparada para qualquer situação.

Entenda seus desafios no dia a dia

Entender quais são os desafios dos seus clientes também é uma ótima forma de otimizar seu processo de atendimento e venda. Em alguns casos, principalmente em serviços, é interessante ter uma estratégia variada com assuntos específicos para abordá-los.

Um exemplo comum é o das pessoas que estão atoladas no trabalho e raramente encontram tempo para se cuidar. Identificando um possível cliente que apresente esse desafio, o vendedor pode conversar com ele a respeito de alternativas para poupar seu tempo, de uma forma que gere e mostre empatia, estreitando os laços entre ambos.

Descubra a melhor forma de abordar o público-certo

Por último, mas não menos importante, ao fazer uma pesquisa completa sobre o seu público-alvo, é fundamental entender como ele se comunica, que tipo de linguagem utiliza e qual a melhor forma de abordá-lo.

Uma marca de roupas que mire em público mais jovem terá mais vantagem se usar linguagem informal, por exemplo. Já um escritório de advocacia pode perder a credibilidade se for informal demais.

Pensando nessas questões, o seu contato será consideravelmente mais assertivo e estratégico!

Metas de vendas e qual sua importância?

As metas de vendas são parâmetros nos quais o time da sua empresa deve se basear para buscar os resultados ideais propostos pelo gestor.

Uma meta de venda precisa ser realista e possível de ser atingida, caso contrário não haverá confiança na Direção por parte da equipe e dos supervisores, como do Conselho Administrativo em relação ao CEO.

Podemos dizer que a definição das metas de vendas é o passo mais importante de um planejamento empresarial, pois direciona as equipes, de modo que os colaboradores saibam o que precisa ser feito para alcançar os objetivos a curto, médio e longo prazo na empresa.

Esse planejamento pode ser dividido em três blocos: estratégico, tático e operacional, configurando a seguinte pirâmide:

Como tornar as metas de vendas mais realistas?

As metas de vendas realistas são verdadeiros guias para as lideranças, que podem prever resultados ideais e, assim, agir buscando motivar o time empresarial.

Podemos dizer que os números são os melhores amigos do empreendedor. O acesso a **dados concretos** facilita a definição de uma meta de sucesso, além de validar o percurso, **tornando-o mais realista**.

É por isso que trabalhar com a confiabilidade das estatísticas é fundamental em um processo comercial, **especialmente no segmento de conversão em vendas complexas**.

O primeiro passo para definir metas de vendas realistas é ter claro os números que devem ser a conversão em vendas. Definida sua pirâmide de planejamento, conforme vimos no tópico anterior, exija que toda equipe esteja engajada na execução de cada tarefa.

1. Crie metas amparadas por submetas

É mais eficaz trabalhar com **objetivos menores** e constantes do que com uma meta única ao final do percurso. Quando o colaborador tem a sensação de dever cumprido no alcance de uma pequena meta, a sua moral se eleva e ele trabalha melhor.

A sensação da vitória permanece durante algum tempo e isso estimula os profissionais a se superarem, com o intuito de obter essa conquista novamente, podendo então alçar voos maiores.

Por exemplo: caso o seu objetivo seja atingir 300 vendas ao fim do mês, por exemplo, divida-as em 4 metas semanais de 75 vendas.

O acompanhamento dos resultados se torna mais eficiente, e as vitórias, mais frequentes. Procure também trabalhar com listas para organizar o fluxo de trabalho e, assim, definir as prioridades.

Dessa forma, caso não seja possível trabalhar todos os itens, ao menos os principais serão conquistados.

2. Analise os índices econômicos de confiança

Para entender melhor onde sua empresa pode chegar, você deve ficar atento a alguns indicadores importantes, como o índice de crescimento do mercado em que você atua, o nível de consumo na cidade onde sua empresa está estabelecida, as taxas de desempregos, a inflação, entre outros quesitos.

É importante perceber que uma análise de mercado completa não deve se limitar somente a informações econômicas governamentais, o que exige conhecimento de mercado de quem está no comando de uma operação.

No Brasil, por exemplo, é fundamental compreender que existem vários períodos sazonais de queda e picos de venda, muitas vezes motivados por fatores alheios à economia, como comemorações populares Carnaval, Copa do Mundo e feriados, por exemplo.

Com esse conhecimento de campo, você pode evitar metas de vendas fora da realidade **ou que não condizem com o seu mercado**.

3. Cheque seu histórico de vendas

Com a análise dos números atingidos anteriormente pela empresa, é possível que você projete o ritmo de crescimento da instituição, tendo sempre como base o retrospecto de vendas aliado ao momento da economia em que você está inserido.

Escolha **suas** táticas pois elas são importantes para serem monitorados, tais como a taxa de conversão de sua base de leads, o sucesso de cada produto e serviço no mercado e o desempenho individual de cada vendedor.

Lembre-se de que os resultados passados mostram o momento da sua empresa, veja, se os históricos mostram que os resultados não estão sendo os esperados, desenvolva uma meta para uma recuperação rápida em que a busca pelo retorno positivo seja a prioridade de toda equipe.

Caso sua empresa venha obtendo uma sequência de resultados positivos, é possível ser mais ousado na definição dos objetivos, sempre lembrando que quanto mais audaciosas forem as metas de vendas, maior será o investimento para chegar ao resultado esperado.**4. Conheça sua capacidade de distribuição e entrega de produtos e serviços.**

De nada vale você seguir os passos anteriores caso não conheça o real potencial de entrega da sua equipe e o nível de compromisso de cada um deles.

Muitas vezes empresas dos mais diversos setores passam por sazonalidades econômicas que geram picos de demandas, o que consequentemente atrapalha o planejamento como um todo.

Tenha sempre em mente que o objetivo final de uma venda é o **sucesso do cliente**, por isso, só venda o que você pode entregar no tempo adequado, garantindo a capacidade de oferecer suporte no pós-venda.

Você não precisa de um cliente insatisfeito tornando-se um detrator de sua marca e gerando prejuízos, certo?

Não adianta projetar mais do que você é capaz de fornecer. Avalie o potencial que a sua empresa e equipe tem para só depois prestar o atendimento e o cuidado esperados em uma **100%**

humanizada.

Caso venda além da sua capacidade de produção, as entregas podem atrasar e abalar a qualidade dos serviços, produtos e atendimento. Portanto, não force resultados que você não possa entregar e que trará resultados desastrosos para a reputação de sua marca: seja consciente!

5 Um caminho seguro para implementar metas de vendas realistas é a análise de temperatura de leads, e segmentar as oportunidades que serão mais rentáveis para sua empresa e **entender quais serão as estratégias que têm mais chance de fechar o negócio.**

Isso evita poluir o funil da conversão com leads tipo pouco maduros, desinteressados e apenas curiosos. Os fatores que definem se um lead é quente (ou não) são vários, entre eles:

- **Seu lead tem dinheiro para comprar sua solução?** Interesse é bom, mas é preciso ter os meios necessários para levar o sonho para casa;

- **Este é o momento certo para realizar a venda?** Conheça os ciclos de compra/venda de suas estratégias para não perder tempo demais com leads que não precisam da sua solução de imediato;

- **Quais são os procedimentos legais necessários para finalizar o negócio?** Vendas têm procedimentos complexos e muitas vezes são atravessadas por uma série de burocracias. Saiba quais burocracias seu prospect enfrenta para que possa ajudá-lo a superá-las, agilizando a negociação.

O trabalho com Pré-Vendas é crucial para o desenho de metas de sucesso. O uso de dados nesta etapa comercial é o que permite encontrar os leads certos para fechar negócios mais rapidamente.

Não à toa que, o investimento em softwares de **qualificação de leads com Pré-Vendas** é o grande destaque quando se trata de elaborar metas realistas e baseadas em indicadores sólidos.

Um exemplo é o **Exact Spotter, software de aceleração de Vendas B2B da Exact Sales.** A ferramenta acompanha a relação fornecedor/empresa, entrega dados valiosos sobre as interações com os usuários, reúne problemas técnicos, insatisfações, feedbacks e outras informações que viabilizam um atendimento mais assertivo, mitigando riscos e aumentando os níveis de satisfação.

Encontrar os leads certos por meio de uma qualificação aprofundada é, portanto, a chave para conversões ágeis e clientes satisfeitos.

Estes, por sua vez, vão promover os produtos da sua empresa e voltarão a consumir de você no futuro, garantindo o sucesso de suas metas de vendas também em longo prazo.

18. COMO ATRAIR CLIENTES DE VÁRIOS OUTROS SEGUIMENTOS?

Para atrair clientes de diferentes segmentos exige uma estratégia abrangente e flexível, mas as recompensas podem ser significativas. Aqui estão algumas dicas para te ajudar:

1. Defina o público que você deseja alcançar:

- Comece por identificar os segmentos de cada cliente que você deseja atrair com seus serviços e produtos.
- Em seguida analise as necessidades, desejos e comportamentos de cada segmento.

- Crie a personagem especifico ideal para cada segmento para assim ter uma visão mais ampla e clara do seu público ideal.

2. Adapte suas mensagens:

- Crie mensagens personalizadas para cada segmento, utilizando linguagem e canais relevantes e que eles se identifiquem com seu produto.

- Destaque os benefícios específicos que seus produtos e serviços oferecem para cada segmento.

- Demonstre como você entende os desafios e necessidades de cada público de forma personalizada e única no mercado.

3. Utilize diferentes canais de marketing:

- Explore uma variedade de canais para alcançar seus diferentes públicos, como mídias sociais, anúncios online, eventos e marketing de conteúdo.

- Adapte o conteúdo e a forma de comunicação para cada canal, considerando as características e preferências de cada segmento que sua marca deseja alcançar.

- Utilize influenciadores digitais bem como estratégias relevantes para cada segmento para que isso possa aumentar seu alcance e credibilidade nessa nova aria de conversão.

4. Ofereça experiências personalizadas:

- Adapte seus produtos e serviços para atender às necessidades específicas de cada um segmento.

- Crie ofertas, brindes e promoções personalizadas para cada público.

- Ofereça um atendimento personalizado que

demonstre seu conhecimento, seriedade e compreensão sobre as necessidades de cada cliente.

5. Construa relacionamentos duradouros:

- Incentive que os clientes façam o feedback de seus produtos e serviços e mantenha sempre interação com seus clientes de diferentes segmentos.

- Crie um programa de fidelidade que recompense seus clientes por sua lealdade.

- Sempre ofereça um atendimento pós-venda excepcional para garantir a satisfação dos seus clientes em relação seus produtos, serviços e atendimento.

6. Monitore e avalie seus resultados:

- Acompanhe o desempenho de suas campanhas de marketing em diferentes segmentos para se manter atualizado.

- Analise o retorno sobre investimento feito em cada segmento e a taxa de conversão em vendas de cada um deles.

- Ajuste suas estratégias com base nos dados coletados a cima para otimizar seus resultados com mais precisão.

Lembre-se que atrair clientes em diferentes segmentos é um processo lento e contínuo que exige adaptabilidade, criatividade e foco no cliente. Ao implementar as dicas acima, você estará no caminho certo para alcançar o sucesso em sua estratégia de marketing.

19. COMO ESTÁ SEMPRE TIRAR TODAS AS DÚVIDAS DOS SEUS CLIENTES EM RELAÇÃO A SEUS PRODUTOS E SERVIÇOS?

1. Tenha um canal de comunicação acessível e eficiente direcionado aos seus clientes:

- Ofereça diversas opções de contato, como telefone, e-mail, chat online e mídias sociais.
- Garanta que o atendimento seja rápido, eficiente e cordial em todos os canais.
- Treine sua equipe para responder dúvidas de forma clara, completa e objetiva.

2. Crie uma base de conhecimento completa e fácil de usar:

- Reúna perguntas frequentes e faça tutoriais sobre seus produtos e serviços atualizados.

- Organize uma base de conhecimento por categorias e temas para facilitar uma navegação fácil e segura.

- Utilize linguagem simples e bem acessível, com imagens e vídeos para ilustrar as informações.

3. Ofereça suporte proativo:

- Antecipe as dúvidas dos clientes e forneça informações relevantes antes que eles precisem solicitar sua ajuda.

- Utilize chatbots e outros recursos de autoatendimento para oferecer suporte 24 horas por dia, 7 dias por semana.

- Envie e-mails informativos com dicas e tutoriais sobre seus produtos e serviços.

4. Incentive o feedback dos clientes:

- Colete feedback dos clientes através de pesquisas, avaliações e todos os canais de comunicação.

- Utilize o seu feedback para identificar pontos de melhoria em seus produtos, serviços bem como o atendimento aos clientes.

- Responda aos feedbacks de forma personalizada e demonstre respeito e cordialidade isso mostrará que você valoriza a opinião de cada um dos seus clientes.

5. Monitore e avalie seus resultados:

- Acompanhe o número de dúvidas recebidas, quais são o tempo de resposta e a satisfação dos clientes.

- Identifique os canais de comunicação mais utilizados onde terá as respostas das dúvidas mais frequentes.
- Utilize os dados coletados para otimizar seu processo de atendimento ao cliente e tirar todas as dúvidas dos seus clientes.

Lembre-se: Tirar todas as dúvidas dos seus clientes é fundamental para construir confiança, fidelidade e uma experiência positiva com sua marca. Ao implementar as dicas acima, você estará no caminho certo para oferecer um atendimento excepcional aos seus clientes.

Dicas adicionais:

- Utilize ferramentas de análise de dados para entender melhor as necessidades dos seus clientes.
- Realize testes A/B para identificar as melhores estratégias de comunicação para cada segmento de público.
- Invista na formação e no desenvolvimento da sua equipe de atendimento ao cliente.
- Crie uma cultura organizacional que valoriza o atendimento aos clientes.

Com um esforço consistente e uma abordagem clara e focada no cliente, você poderá oferecer um atendimento impecável e tirar todas as dúvidas dos seus clientes, fidelizando-se e impulsionando o sucesso da sua empresa resultando em altas taxas de conversas em vendas.

20. COMO ATIVAR EM SEUS CLIENTES O DESEJO DE COMPRAR USANDO AS 7 METODOLOGIAS?

1. Gula:

- Crie imagens atraentes: Utilize imagens de alta qualidade que mostrem seus produtos de forma apetitosa e desejável.

- Descrições sensoriais: Utilize linguagem que evoque os sentidos, como sabor, textura e aroma, para despertar o desejo dos clientes.

- Ofertas por tempo limitado: Crie promoções e descontos que incentivem a compra imediata para evitar que os clientes percam a oportunidade.

2. Soberba:

- Crie produtos exclusivos: Ofereça produtos e serviços premium e exclusivos que façam os clientes se sentirem especiais e superiores.

- Faça edições limitadas: Crie edições limitadas de seus produtos para aumentar a sensação de exclusividade e gerar desejo.

- Programas de fidelidade: Recompense seus clientes fiéis com benefícios exclusivos que só clientes premium poderão ter os façam se sentirem valorizados e únicos.

3. Ira:

- Criar uma urgência: Utilize gatilhos mentais como "escassez" e "urgência" para incentivar a compra imediata.

- Faça ofertas irresistíveis: Crie promoções e descontos tão vantajosos que os clientes se sintam impelidos a comprar.

- Competição: Crie concursos e promoções que despertem a competitividade entre os clientes.

4. Preguiça:

- Compra fácil é conveniente: Ofereça diversas opções de compra, como e-commerce, aplicativos e lojas físicas e entregas a domicilio.

- Processo de compra simplificado: Torne o processo de compra o mais simples e rápido possível, evitando etapas desnecessárias.

- Pagamento facilitado: Ofereça diversas opções de pagamento, como cartão de crédito, boleto bancário e pix.

5. Avareza:

- Promova descontos e promoções: Ofereça descontos e promoções que atraiam a atenção dos clientes que buscam economizar.

- Ofereça frete grátis para compras acima de um determinado valor.

- Programas de recompensas: Crie programas de recompensas que fidelizem os clientes e os incentivem a comprar mais.

6. Inveja:

- Depoimentos de clientes: Utilize depoimentos de clientes satisfeitos para mostrar o valor dos seus produtos e serviços.
- Influenciadores: Faça parcerias com influenciadores relevantes para o seu público-alvo.
- Conteúdo social: Crie conteúdo social que mostre como seus produtos e serviços podem melhorar a vida dos clientes.

7. Luxúria:

- Imagens sensuais: Utilize imagens que evoquem sensualidade e desejo em seus produtos e serviços para atrair a atenção dos clientes.

- Linguagem persuasiva: Utilize linguagem que desperte a emoção e o desejo insaciável dos clientes.

- Então criar um ambiente: Crie um ambiente sensual e atraente ao apresentar seus produtos e serviços para que eles possam passar a impressão o quanto pode ser prazeroso consumi-los você pode usar sua loja física, website e redes sociais para passar essa impressão.

Aqui vou te mostrar alguns exemplos de como você pode usar as 7 metodologias de forma inversa mesclando entre elas para inúmeras conversões em vendas, mas use com responsabilidade por que isso é pura psicologia inversa.

1 Gula X Avareza

Gula: É uma tentação irresistível, o sabor irresistível, nós trazemos a promessa de felicidade fugaz. A guia é a arma do vendedor que busca fisgar o cliente com ofertas irrecusáveis, promoções que desafiam a lógica e produtos que despertam a vontade imediata de compra.

Avareza: A o medo da perda, a busca incessante por um bom negócio, a sensação de segurança em ter mais do que o necessário. A avareza é a ferramenta do vendedor que convence o cliente a comprar por um preço menor, a aproveitar uma oportunidade única e a garantir o melhor custo-benefício.

- Gula: Algumas imagens atraentes, cores vibrantes, embalagens chamativas, tudo para despertar o desejo e a vontade de consumir. Descontos progressivos, brindes irresistíveis, quantidades limitadas, criando a sensação de urgência e exclusividade.

- Avareza: Busca por preços baixos, promoções relâmpago, liquidações imperdíveis, tudo para atrair o cliente que busca economizar. Faz comparações de preços, testes gratuitos, garantias estendidas, reforçando a segurança e o valor da compra.

Não há um vencedor absoluto. A escolha entre gula e avareza depende do cliente, serviço, produto e do contexto.

use a gula e a avareza a seu favor:

- Gula:
    - Crie uma experiência sensorial envolvente.
    - Conte histórias que despertem o desejo.
    - Ofereça provas e degustações.
    - Use gatilhos mentais como escassez e exclusividade.
- Avareza:
    - Seja transparente com os preços.
    - Ofereça diferentes opções de pagamento.
    - Destaque o valor do produto real e na promoção.
    - Use gatilhos mentais como comparação social e economia.

Mas lembre-se:

- A ética é fundamental. Não explore os vícios e fragilidades dos clientes.
- Manter o equilíbrio é a chave. Combine a gula e a avareza de forma estratégica.

- O foco deve ser sempre na satisfação do cliente.

Exemplos:

- Gula: Um restaurante oferece um buffet livre com uma variedade de pratos deliciosos.
- Avareza: Uma loja de roupas anuncia uma liquidação com descontos de até 70%.

Conclusão:

Vender usando a gula e avareza é uma arte. Use essas ferramentas com sabedoria para atrair clientes, aumentar as vendas e construir relacionamentos duradouros.

2 ira preguiça

Ao usar a ira e a preguiça como motivadores para vender, é crucial entender as nuances de cada emoção e como elas podem influenciar o comportamento do cliente.

Utilizando a ira:

- Crie um senso de urgência: A ira pode impulsionar a ação rápida, pois as pessoas tentam evitar consequências negativas. Utilize frases como "Oferta por tempo limitado!" bem como. Vagas limitadas!" para despertar a urgência.
- Destaque as perdas: Enfatize o que o cliente pode perder se não agir agora. Frases como "Não perca essa oportunidade!" e "Evite o arrependimento!" podem gerar a sensação de que a compra é essencial para

evitar perdas.

- Aposte na justiça social: Utilize a indignação do cliente com situações injustas para direcioná-los à sua solução. Frases como "Chega de ser explorado!" ou "Junte-se à nossa luta!" podem motivar a compra como um ato de rebeldia contra a injustiça.

Utilizando a preguiça:

- Simplifique a compra: Torne o processo de compra o mais fácil e rápido possível. Dé opções de pagamento facilitadas, checkout rápido e entrega eficiente são essenciais.

- Ofereça soluções completas: Venda pacotes que solucionem todos os problemas do cliente de uma só vez, evitando a necessidade de pesquisar, sair de casa e comprar diversos produtos separadamente.

- Elimine o "trabalho" do cliente: Automatize tarefas, ofereça suporte personalizado e dê ao cliente a sensação de que está no comando e comprando sem esforço.

Considerações importantes:

- Equilíbrio: É crucial encontrar o equilíbrio ideal entre a emoção e a razão. Apelar apenas à ira e à preguiça pode ser manipulador e gerar ressentimento no cliente.

- Ética: A utilização de emoções para vender deve ser feita de forma ética e responsável. Evite criar falsas necessidades e manipular os sentimentos do cliente.

- Público-alvo: Entenda as características e preferências do seu público para direcionar a mensagem de forma eficaz.

Exemplos práticos:

- Ira: Um curso online que promete ajudar as pessoas a se livrarem de um vício em apenas 30 dias, utilizando linguagem forte e alertando sobre as consequências negativas da procrastinação.
- Preguiça: Um serviço de assinatura que entrega kits de comida pré-pronta e saudável, eliminando a necessidade de cozinhar e facilitando a vida do cliente.

Conclusão:

A ira e a preguiça podem ser ferramentas poderosas para conversão em vendas, mas devem ser utilizadas com cautela e responsabilidade. Ao entender as nuances de cada emoção e as características do seu público-alvo, você pode criar estratégias de venda eficazes e que gerem resultados positivos.

Lembre-se: A ética e a transparência são sempre fundamentais em qualquer estratégia de venda.

3 soberbas x vaidade

A soberba e a vaidade, embora pareçam semelhantes, são emoções distintas que podem ser exploradas em diferentes maneiras para impulsionar as vendas.

Soberba:

- Exclusividade: Enfatize a exclusividade do seu produto e serviço como um símbolo de status e distinção.
- Desempenho: Destaque o desempenho superior e a qualidade incomparável dos seus produtos e serviços.
- Conquista: Posicione o seu produto como uma conquista que demonstra a inteligência e o sucesso do cliente.

Exemplos:

- "Este relógio de edição limitada é um símbolo de prestígio que apenas os mais exigentes apreciam."
- "Com este carro, você vai experimentar um desempenho inigualável e dominar a estrada."
- "Nossa comunidade privada oferece um estilo de vida exclusivo para aqueles que alcançaram o sucesso."

Vaidade:

- Aparência: Aposte na estética e no apelo visual dos seus produtos e serviços para atrair a atenção.
- Tendências: Associe os seus produtos e serviços às últimas tendências e modas para garantir a aprovação social.
- Autoimagem: Reforce como os seus produtos e serviços pode melhorar a imagem pessoal e a autoconfiança do cliente.

Exemplos:

- "Com este creme antirrugas, você vai conquistar uma pele radiante e jovial."

- "Este vestido elegante vai te destacar de todos e te fazer sentir-se ainda mais poderosa e confiante em qualquer ocasião."

- "Nosso smartphone de última geração e inovador vão te destacar na multidão."

Considerações importantes:

- Público-estimado: Adapte a sua estratégia de acordo com o perfil do seu público.

- Equilíbrio: Evite exagerar em qualquer uma das emoções, pois pode gerar efeitos negativos.

- Autenticidade: Mantenha a comunicação transparente e autêntica para construir confiança com o cliente.

Combinando soberba e vaidade

Em alguns casos, é possível combinar elementos de ambas as estratégias para criar uma mensagem mais completa e impactante.

Exemplo:

- "Este carro de alto desempenho é um símbolo de status que vai te fazer sentir poderoso e confiante."

Conclusão:

Ao compreender as nuances da soberba e da vaidade, você pode desenvolver estratégias de venda mais eficazes que se conectem com as emoções e aspirações de cada cliente.

Lembre-se:

- O objetivo é criar um desejo genuíno pelo seu produto, e não apenas apelar para o ego do cliente.
- Uma comunicação honesta e transparente é fundamental para construir relacionamentos duradouros com os clientes.

4 Luxuria

A luxúria é um dos sete pecados capitais e pode ser um poderoso motivador para o comportamento humano em fator comprar. Quando se trata de vendas, a luxúria pode ser usada para apelar aos desejos e aspirações dos clientes.

Aqui estão algumas dicas sobre como usar a luxúria para vender:

- Crie uma aura de exclusividade. Os produtos e serviços de luxo são frequentemente posicionados como exclusivos e inacessíveis para a maioria das pessoas. Isso pode criar um senso de desejo e aspiração entre os clientes em potencial.

Produtos e serviços de luxo

- Concentre-se no desejo de status e no desejo de prestígio dos clientes. Por que os produtos de luxo são frequentemente vistos como símbolos de status, prestígio e poder. Ao enfatizar o status o prestígio e poder de seus produtos, você pode apelar para o desejo dos clientes de serem vistos como bem-sucedidos e bem-sucedidos.

Status, prestígio e poder

- Use imagens e linguagem sensuais. A luxúria muitas vezes é associada à sensualidade e ao prazer. Você pode usar imagens e linguagem sensuais em seu marketing social para evocar esses sentimentos nos clientes em potencial. **Imagens e linguagem sensuais**

- Crie uma experiência de compra luxuosa. A experiência de compra deve ser tão luxuosa quanto o próprio produto. Isso significa fornecer um excelente atendimento ao cliente e criar um ambiente de varejo que seja convidativo e opulento.

Experiência de compra luxuosa

É importante observar que a luxúria não é o único motivador que pode ser usado para vender produtos e serviços. Outros motivadores, como apelo à razão, medo e urgência, também podem ser eficazes. No entanto, a luxúria pode ser uma ferramenta poderosa de vendas quando usada da forma correta ela será muito eficaz.

Aqui estão alguns exemplos específicos de como empresas usaram e ainda usam a luxúria para vender seus produtos:

- A Ferrari vende carros de luxo apelando para o desejo dos clientes de serem vistos como bem-sucedidos e poderosos. Seus anúncios apresentam frequentemente carros em cenários luxuosos e são cercados por pessoas bonitas e bem-sucedidas.

- **A Victoria's Secret** vende lingerie sexy apelando para o desejo dos clientes de se sentirem sensuais e atraentes. Seus anúncios apresentam modelos em roupas provocantes e muitas vezes apresentam temas de sedução e muito romance.

- **A Rolex** vende relógios de luxo apelando para o desejo dos clientes de possuir um símbolo de status. Seus relógios são frequentemente feitos de materiais caros e são projetados com um estilo atemporal único.

Essas são apenas algumas maneiras pelas quais a luxúria pode ser usada para vender produtos e serviços. Ao entender os desejos e aspirações de seus clientes, você pode usar a luxúria para criar mensagens de marketing, digital e social que sejam eficazes e bem convincentes.

21. COMO QUEBRAR OS PADRÕES NAS VENDAS?

Qucbrar padrões nas vendas significa fazer algo diferente do que todos os outros estão fazendo. Isso pode ser assustador para algumas empresas e vendedores, mas também pode ser muito gratificante. Se você conseguir se destacar em meio a multidão, terá mais chances de chamar a atenção não só dos concorrentes e clientes em potencial mais fechar muitos negócios.

Aqui estão algumas dicas sobre como quebrar padrões nas vendas:

- Seja você mesmo. Não tente ser alguém que você não é. As pessoas podem detectar uma farsa a um quilômetro de distância. Em vez disso, concentre-se em ser autêntico e genuíno sempre. As pessoas serão atraídas por sua confiança e honestidade.

Seja você mesmo nas vendas

- Conheça o tipo de público depois que eles forem

identificados. Descubra o que motiva seus clientes em potencial? Quais são seus desejos e necessidades? Depois de entender seu público, você pode adaptar suas mensagens de vendas para falar diretamente com eles.

- Seja sempre criativo. Não tenha medo de pensar fora da caixa. Experimente novas ideias e estratégias. Se você puder encontrar uma maneira de se destacar da concorrência, estará no caminho certo e a um passo para o sucesso.

- Seja apaixonado. Se você não for apaixonado pelo que está vendendo e pelo que faz, isso transparecerá claramente em seus diálogos. Em vez disso, concentre-se em vender produtos e serviços nos quais você realmente acredita. Seu entusiasmo será uma chave contagiante e ajudará você a fechar mais que bons negócios.

Seja apaixonado pelas vendas

Aqui estão alguns exemplos específicos de como os vendedores quebraram padrões e alcançaram o sucesso:

- Jill Konrath é autora e palestrante sobre vendas. Ela é conhecida por sua abordagem não convencional de vendas, que se concentra em construir relacionamentos e fornecer valores aos clientes em potencial. Konrath é autora de vários livros sobre vendas, incluindo "Selling to Big Companies" e "Agile Selling".

- Gary Vaynerchuk é um empresário e autor de best-sellers do New York Times. Ele é conhecido por seu uso inovador das mídias sociais para vendas e marketing. Vaynerchuk é autor de vários livros sobre negócios e vendas, incluindo "Jab, Jab, Jab, Right Hook" e "The Thank You Economy".

Estes são apenas alguns exemplos de como quebrar padrões nas vendas que pode leva-lo ao sucesso. Se você estiver disposto a pensar fora da caixa e ser criativo, poderá colher grandes recompensas e fazer grandes conversões em vendas a curto, médio e longo prazo.

22. COMO DESPERTAR A CURIOSIDADE DOS CLIENTES EM SEUS PRODUTOS E SERVIÇOS?

A curiosidade é uma emoção poderosa que pode ser usada para influenciar o comportamento do cliente. Ao despertar a curiosidade dos clientes em seus produtos e serviços, você pode aumentar o interesse e as vendas.

Aqui estão algumas dicas sobre como despertar a curiosidade dos clientes:

- Use perguntas intrigantes e diretas. As perguntas podem ser uma ótima maneira de despertar a curiosidade. Ao fazer perguntas intrigantes e bem diretas sobre seus produtos e serviços, você pode fazer com que os clientes pensem e queiram saber ainda mais sobre seus produtos e serviços.

- Ofereça petiscos. Dê aos clientes uma pequena amostra grátis do que você tem para oferecer. Isso pode ser feito por meio de demonstrações, e testes. Ao dar aos clientes uma prévia do que você tem para oferecer a eles, você pode deixá-los ansiosos por mais e mais.

- Crie um senso de mistério. Um pouco de mistério pode percorrer um longo caminho para despertar a curiosidade. Ao criar um senso de mistério em torno de seus produtos e serviços, você pode fazer com que os clientes queiram saber mais a cada pergunta formulada.

- Use o humor. O humor pode ser uma ótima ferramenta e uma ótima maneira de chamar a atenção e despertar a curiosidade do cliente. Ao usar o seu humor como um marketing, você pode tornar seus produtos e serviços mais atraentes aos olhos dos clientes em potencial.

- Seja criativo em todos os momentos de abordagem. Não tenha medo de pensar diferente pois isso que te destacará na multidão e seja sempre criativo com seus clientes, lembre-se esse será seu marketing. Ao ser criativo, você irá se destacar da concorrência e despertar a curiosidade dos clientes.

Exemplos específicos de como as empresas usaram a curiosidade para vender seus produtos e serviços:

- A Apple é conhecida por criar um senso de mistério em torno de seus lançamentos de produtos. A empresa muitas vezes divulga novos produtos com teasers e anúncios enigmáticos que geram burburinho e expectativa entre os consumidores.

- A Netflix usa perguntas intrigantes em seu marketing para atrair novos assinantes. A empresa muitas vezes coloca anúncios com perguntas como "O que você está assistindo?" e "O que você está assistindo agora?" Essas perguntas fazem com que os consumidores pensem em seus próprios hábitos de visualização e os incentivam a verificar a Netflix.

- A Old Spice usa o humor para se destacar da concorrência. Os anúncios da empresa são frequentemente engraçados e inesperados, o que ajuda a chamar a atenção dos consumidores e despertar sua curiosidade.

Ao seguir essas dicas simples mais eficazes, você irá despertar a curiosidade dos clientes em seus produtos e serviços. Isso pode levar a um maior interesse, nas vendas e sucesso em geral para o seu negócio.

23. COMO CAUSAR EM SEUS CLIENTES O SENTIMENTO DA ESCARCES?

O sentimento de escassez é uma poderosa ferramenta de que pode ser usada como marketing que pode influenciar os clientes a tomarem decisões de compra mais rapidamente. Ao criar a percepção de que um produto, serviço é limitado em quantidade e tempo, você pode gerar um senso de urgência e impulsionar as vendas.

Aqui estão algumas dicas sobre como causar em seus clientes o sentimento da escassez imediato:

1. Quantidade limitada:

- Destaque uma quantidade real mais realmente limitada com dia, hora e tarda para acabar após isso os preços voltarão ao normal: Use frases como "edição limitada", "vagas limitadas" bem "enquanto durarem os estoques" para comunicar a escassez do produto e serviço.

- Mostre a quantidade disponível: Utilize indicadores visuais, como contadores regressivos e medidores de estoque, para mostrar aos clientes a quantidade restante de um produto.

- Crie ofertas por tempo limitado mesmo não ultrapasse esse tempo limite: Implemente promoções relâmpago ofertas válidas por um período curto de tempo para gerar urgência na compra.

2. Tempo limitado:

- Crie ofertas com prazos específicos: Defina datas e horários específicos para o término de uma oferta ou promoção, criando um senso de urgência.

- Utilize gatilhos mentais: Use frases como "última chance", "termina hoje" ou "não perca" para enfatizar a necessidade de agir rapidamente.

- Comunique a urgência: Utilize recursos visuais, como cores vibrantes ou alertas sonoros, para destacar a natureza urgente da oferta.

3. Exclusividade:

- Ofereça produtos ou serviços exclusivos: Crie produtos ou serviços com disponibilidade limitada ou acesso restrito para gerar um senso de exclusividade.

- Utilize programas de fidelidade: Recompense clientes fiéis com ofertas exclusivas ou acesso antecipado a produtos e serviços.

- Crie promoções personalizadas: Ofereça descontos ou benefícios personalizados para clientes específicos, aumentando a percepção de valor e exclusividade.

4. Transparência:

- Seja honesto e transparente com seus clientes: Comunique a escassez de forma clara e honesta, evitando criar falsas expectativas e enganar os clientes.

- Explique o motivo da escassez: Seja transparente sobre o motivo da escassez, seja por edição limitada, alta demanda bem outro fator.

- Gere confiança: Construa uma relação de confiança e amizade com seus clientes para que eles acreditem na comunicação sobre a escassez.

Lembre-se:

- Evite usar a escassez artificialmente: Utilize o sentimento de escassez de forma ética e responsável, evitando criar artificialmente a percepção de escassez para manipular os clientes.

- Equilibre a urgência com o valor: Combine o senso

de urgência com a comunicação clara do valor do produto bem como serviço para garantir uma decisão de compra consciente.

- Monitore os resultados: Acompanhe o impacto da estratégia de escassez nas vendas e no comportamento do cliente para otimizar suas ações. Ao utilizar o sentimento de escassez de forma estratégica e responsável, você irá aumentar o interesse dos clientes em seus produtos e serviços.

24. COMO PERSUADIR SEU CLIENTE A COMPRAR DE IMEDIATO SEU PRODUTO?

Persuadir um cliente a comprar seu produto de imediato exige uma abordagem forte com uma estratégica que combine técnicas de comunicação eficazes com a compreensão das necessidades e desejos do cliente. Aqui estão algumas dicas para aumentar as chances de uma compra imediata:

1. Crie um senso de urgência:

- Destaque ofertas por tempo limitado: Utilize frases como "promoção válida por 24 horas" para gerar um senso de urgência e impulsionar a compra imediata.

- Ofereça frete grátis bem como brindes exclusivos: Incentive a compra imediata adicionando benefícios como brindes que aumentam o valor percebido da oferta.

- Comunique a escassez: Utilize técnicas como "vagas limitadas" e "últimas unidades" para criar a percepção de que o produto está em alta demanda e pode esgotar rapidamente.

2. Demonstre o valor do seu produto:

- Apresente os benefícios que o cliente terá ao adquirir o seu produto de forma clara e concisa: Utilize linguagem simples mais bem direta para destacar os benefícios que o produto oferece ao cliente, focando em como ele pode solucionar problemas e melhorar a vida do cliente em vários níveis.

- Utilize depoimentos e avaliações positivas: Mostre como outros clientes se beneficiaram com seu produto, utilizando depoimentos e avaliações positivas para aumentar a confiança e a credibilidade da sua marca e produtos.

- Faça comparações com outros produtos similares: Compare seus produtos com outros produtos similares no mercado, destacando todos seus diferenciais e pontos fortes para evidenciar como seus produtos e valores são superiores.

3. Elimine as objeções do cliente:

- Antecipe as dúvidas e objeções: Identifique as principais objeções que os clientes podem ter em relação ao seu produto e prepare-se para respondê-las de forma clara, eficaz e convincente.

- Ofereça garantias e políticas de devolução: Reduza o risco da compra para o cliente, oferecendo garantias de qualidade e políticas de devolução flexíveis que aumentam a confiança na compra.

- Utilize técnicas de persuasão: como perguntas persuasivas, e gatilhos mentais para influenciar a decisão do cliente e aumentar as chances de compra.

4. Facilite o processo de compra:

- Ofereça diferentes opções de pagamento: Permita que o cliente escolha a forma de pagamento mais conveniente para ele, como cartão de crédito, boleto bancário e pix, para facilitar a decisão da compra imediata.

- Simplifique usando o checkout: Torne o processo de compra o mais rápido e simples possível, evitando etapas desnecessárias formulários desnecessários e longos que podem desmotivar o cliente a comprar seus produtos e serviços.

- Ofereça suporte ao cliente: Disponibilize canais de comunicação eficientes para que o cliente possa tirar dúvidas e resolver problemas durante o processo de compra.

Lembre-se:

- A venda não termina após a compra: Continue a construir um relacionamento com o cliente após a compra, oferecendo suporte, realizando ações de pós-venda e fidelizando o cliente para futuras compras.

- Seja honesto e transparente: Evite promessas falsas e enganosas que podem prejudicar a confiança do cliente e a reputação da sua empresa e marca.

- A ética é fundamental: Utilize técnicas de persuasão de forma ética e responsável, sempre focando no melhor interesse do cliente e na construção de um relacionamento de confiança.

Ao combinar estas dicas com uma abordagem personalizada e focada nas necessidades do cliente, você estará mais preparado para persuadir o cliente a comprar seu produto de imediato e aumentar suas vendas.

25. COMO CRIAR COMBOS ENGAJANDO AS PROMOÇÕES?

Criar combos engajando as promoções é uma estratégia de marketing muito poderosa que vai impulsionar as suas vendas e fidelizar clientes. Ao combinar produtos de forma estratégica e ainda oferecer benefícios atrativos, você pode aumentar o valor percebido da oferta e incentivar a compra.

Aqui vou te dar algumas dicas para criar combos que engajam as promoções:

1. Compreenda o seu público:

- Identifique os produtos mais populares: Analise suas vendas e o comportamento dos clientes para identificar quais produtos são mais procurados e combinam entre si.

- Conheça as necessidades dos seus clientes: Entenda os desejos e necessidades do seu público para oferecer combos que solucionem seus problemas e atendam às suas expectativas.

- Segmente seus clientes: Crie combos personalizados para diferentes grupos de clientes, considerando seus perfis e interesses específicos.

2. Crie combos com valor agregado:

- Ofereça descontos: Combine produtos com um desconto atrativo para o combo, proporcionando economia para os seus clientes.

- Adicione brindes: Ofereça brindes exclusivos e relevantes para o combo, aumentando o valor percebido da oferta.

- Ofereça frete grátis: Incentive a compra do combo oferecendo frete grátis, tornando a compra mais vantajosa para os clientes.

3. Torne a promoção irresistível:

- Utilize gatilhos mentais: Utilize técnicas como escassez ("últimas unidades"), urgência ("promoção por tempo limitado") e reciprocidade ("brinde exclusivo na compra do combo") para influenciar a decisão do cliente.

- Comunique a promoção de forma eficaz: Utilize diferentes canais de comunicação para divulgar a promoção, como redes sociais, e-mail marketing e website.

- Crie um senso de urgência: Utilize técnicas como contagem regressiva e banners chamativos nas redes sociais para criar um senso de urgência e incentivar a compra imediata.

4. Monitore e ajuste a estratégia:

- Acompanhe os resultados da sua promoção: Analise as vendas e o feedback dos clientes para avaliar a efetividade e sucesso da sua estratégia.

- Faça os ajustes para sua promoção: Realize ajustes na seleção dos produtos, descontos, brindes e comunicação para otimizar os resultados sua promoção.

- Teste diferentes combinações: Experimente diferentes combinações de produtos e promoções para encontrar a fórmula que melhor engaja e atende as necessidades do seu público.

Lembre-se:

- O foco deve ser no valor para o cliente ok: O objetivo principal da criação de combos é oferecer valor ao cliente, proporcionando economia, benefícios e uma experiência de compra positiva.

- A qualidade dos produtos é fundamental: A qualidade dos produtos inclusos no combo é essencial para garantir a satisfação do cliente e fidelidade.

- A criatividade também é fundamental: explore diferentes combinações de produtos, serviços e promoções para se destacar da concorrência e oferecer algo único e interessante para o seu público.

Ao seguir estas dicas, você estará mais preparado para criar combos que engajam as promoções, impulsionam as vendas e fidelizam clientes.

O mestre das vendas

26. COMO TER RECIPROCIDADE NAS INFORMAÇÕES DADAS AOS CLIENTES?

A reciprocidade é uma norma social que dita que as pessoas devem trocar coisas equivalentes entre si. No contexto das vendas, isso significa que os clientes devem receber algo de volta em troca das informações que fornecem. Isso pode ser na forma de descontos, brindes e acesso a informações exclusivas.

Vou te mostrar algumas dicas para ter reciprocidade nas informações dadas aos clientes:

1. Ofereça algo de valor em troca das informações do cliente. Isso pode ser na forma de um desconto, brinde bem como acesso as informações exclusivas. 2. Seja transparente sobre como você usará as informações do cliente. Deixe os clientes saberem como você usará suas informações e como eles podem cancelar o recebimento de comunicações de você. 3. Dê aos

clientes controle sobre suas informações. Permita que os clientes visualizem, editem e excluam suas informações a qualquer momento. 4. Use as informações do cliente com sabedoria e responsabilidade. Use as informações do cliente para fornecer-lhes uma experiência personalizada e relevante não o contrario.

Ao seguir estas dicas, você pode construir relacionamentos de confiança com seus clientes e incentivá-los a fornecer as informações de que você precisa para oferecer um serviço excelente.

Aqui vai mais alguns exemplos específicos de como as empresas usam a reciprocidade para obter informações de seus clientes:

- **A Amazon** oferece frete grátis em dois dias para membros **Amazon** Prime. Isso é um incentivo para os clientes fornecerem à **Amazon** seu endereço e informações de pagamento.
- **A Starbucks** oferece uma bebida grátis aos clientes que se cadastram em seu programa de fidelidade. Isso é um incentivo para os clientes fornecerem à **Starbucks** seu nome, endereço de e-mail e data de nascimento.
- A **Netflix** oferece um período de teste gratuito de 30 dias. Isso é um incentivo para os clientes fornecerem à Netflix suas informações de pagamento.

Essas são apenas algumas maneiras pelas quais as empresas podem usar a reciprocidade para obter informações de seus clientes. Ao oferecer algo de valor em troca das informações do cliente, as empresas podem construir relacionamentos de

confiança e fornecer aos clientes uma experiência única em seu segmento.

27. COMO APRENDER FAZER SEUS CLIENTES SE SENTIREM EXCLUSIVOS E ÚNICOS COM SEUS SERVIÇOS E PRODUTOS?

Aqui vou te dar algumas dicas sobre como fazer seus clientes se sentirem exclusivos e únicos com seus produtos:

1. Ofereça produtos personalizados. Isso pode ser feito permitindo que os clientes escolham as cores, os materiais e os recursos que desejam em seus produtos. Você também pode oferecer produtos personalizados com o nome bem como as iniciais do cliente.

2. Ofereça um excelente atendimento ao cliente. Isso significa ir além para ajudar seus clientes e garantir que eles estejam satisfeitos com seus produtos e serviços. Você pode fazer isso oferecendo suporte ao cliente 24 horas por dia, 7 dias por semana, e por meio de uma política de devolução generosa.

3. Crie uma experiência única de compras personalizadas. Isso pode ser feito criando uma loja online e física que seja bem projetada e fácil de navegar. Você também pode oferecer eventos r workshops especiais para seus clientes.

Experiência de compra personalizada

4. Recompense seus clientes fiéis. Isso pode ser feito oferecendo descontos especiais, brindes bem como acesso antecipado a novos produtos. Você também pode criar um programa de fidelidade que recompense os clientes por suas compras.

Recompensar clientes fiéis

5. Faça com que seus clientes se sintam valorizados todos os dias. Isso pode ser feito agradecendo-lhes por seus negócios e pedindo seu feedback. Você também pode enviar-lhes cartões e e-mails personalizados para mostrar que você os aprecia.

Ao seguir estas dicas, você pode fazer seus clientes se sentirem exclusivos e únicos com seus produtos e serviços. Isso pode ajudá-lo a construir relacionamentos de longo prazo com seus clientes e aumentar suas vendas expressivamente.

28. COMO CRIAR UMA ANCORA DE PREÇOS DOS SEUS PRODUTOS SEM EXCEDER MUITO OS PREÇOS ORIGINAIS?

Criar uma ancora de preços para seus produtos sem exceder muito os preços originais é uma estratégia importante e desafiadora para atrair clientes e aumentar suas vendas. Ao definir um preço inicial mais alto, você pode criar a percepção de que seu produto é de alta qualidade e valor. No entanto, é importante não exagerar no preço, pois isso pode afastar os clientes.

Aqui vou mostrar algumas dicas para criar uma ancora de preços eficaz:

1. Pesquise o mercado.

- Analise os preços de produtos similares: Compare os preços de seus produtos com os de produtos similares no mercado para determinar um preço inicial competitivo.

- Considere o valor percebido do seu produto: Leve em consideração a qualidade, os benefícios e a exclusividade do seu produto ao definir o preço inicial.

- Avalie a elasticidade-preço da demanda: Determine a sensibilidade dos clientes ao preço do seu produto para ajustar o preço inicial de acordo.

2. Utilize técnicas de precificação psicológica.

- **Preços ímpares:** Utilize preços ímpares (como R$ 99,99) para criar a percepção dc que o produto é mais barato do que realmente é.

- **Preços de referência:** Inclua um preço de referência (como "preço original: R$ 149,99") para destacar o desconto oferecido.

- **Pacotes e descontos:** Ofereça pacotes com produtos complementares e descontos em compras múltiplas para aumentar o valor percebido da oferta.

3. Comunique o valor do seu produto.

- **Destaque os benefícios e diferenciais dos seus produtos:** Explique claramente aos clientes os benefícios que seus produtos oferecem e como eles se diferenciam da concorrência.

- **Utilize gatilhos mentais:** Utilize técnicas como escassez ("últimas unidades"), urgência ("promoção por tempo limitado") e reciprocidade ("brinde exclusivo na compra do produto") para influenciar a decisão do cliente.

- **Crie uma narrativa convincente**: Conte uma história envolvente sobre seu produto para despertar o interesse e a emoção do cliente.

4. Monitore e ajuste a estratégia.

- **Acompanhe os resultados da precificação:** Analise as vendas e o feedback dos clientes para avaliar a efetividade da estratégia de ancoragem de preços.

- **Faça ajustes no preço:** Realize ajustes no preço inicial de acordo com a demanda do mercado, custos de produção e objetivos de vendas.

- **Teste diferentes estratégias:** Experimente diferentes técnicas de precificação para encontrar a fórmula que melhor se adapta ao seu público e produto.

Lembre-se:

- **O preço** é apenas um fator na decisão de compra: O preço é apenas um dos fatores que os clientes consideram ao comprar um produto. É importante também oferecer um produto de alta qualidade, um bom atendimento ao cliente e uma experiência de compra agradável.

- **A precificação é um processo contínuo:** A precificação é um processo contínuo que deve ser ajustado de acordo com as mudanças no mercado, na demanda e na estratégia da empresa.

Ao seguir estas dicas, você estará mais preparado para criar uma ancora de preços eficaz para seus produtos.

29. COMO ESPECIFICAR DE FORMA CLARA E EFICAZ SOBRE O SEU NEGÓCIO?

1. Antes de qualquer coisa defina seu público-alvo:

- Quem são seus clientes ideais?
- Quais são suas necessidades e desejos?
- Como eles se comunicam?

2. Determine sua proposta de valor:

- O que torna seu negócio único?
- Que problemas você resolve para seus clientes?
- Quais benefícios você oferece?

3. Crie uma mensagem clara e concisa:

- Use linguagem simples e direta que seu público-alvo possa entender.
- Evite jargões e termos técnicos.
- Destaque os pontos mais importantes sobre seu negócio.

4. Utilize diferentes canais de comunicação:

- Adapte sua mensagem para cada canal, como website, redes sociais, anúncios, e-mail etc.
- Use imagens e vídeos para tornar seu conteúdo atualizado e atraente.
- Seja consistente em sua comunicação.

5. Monitore e avalie seus resultados:

- Acompanhe como seu público-alvo está respondendo à sua comunicação.
- Faça ajustes conforme necessário para melhorar sua eficácia.

Dicas adicionais:

- Use uma linguagem persuasiva e empolgante.
- Conte histórias que se conectem com seu público-alvo.
- Demonstre sua expertise e autoridade em seu nicho.
- Seja honesto e transparente em sua comunicação.

Ferramentas úteis:

- Google Meu Negócio
- Redes sociais
- Website
- Blog
- E-mail marketing

Lembre-se:

- A clareza é fundamental.
- A comunicação eficaz é essencial para o sucesso do seu negócio.
- Seja consistente em sua comunicação.
- Monitore e avalie seus resultados.

Espero que estas dicas sejam úteis!

30. COMO DAR AUTORIDADE AOS SEUS SERVIÇOS E PRODUTOS?

1. Demonstre expertise:

- Crie e compartilhe conteúdos relevantes e de alta qualidade em seu nicho.
- Publique artigos, ebooks, vídeos e outros materiais que demonstrem seu alto conhecimento e experiência.
- Faça apresentações em eventos e webinars.
- Participe de fóruns e grupos online relacionados ao seu setor.

2. Obtenha depoimentos e avaliações:

- Peça a seus clientes satisfeitos que escrevam depoimentos sobre seus serviços e produtos.
- Incentive-os a deixar avaliações positivas em

- plataformas online.
- Exiba esses depoimentos e avaliações em seu website, materiais de marketing e redes sociais.

3. Estabeleça parcerias estratégicas:

- Associe-se a outras empresas bem como profissionais em seu nicho.
- Isso pode ajudá-lo a alcançar um público mais amplo e aumentar sua credibilidade.

4. Ofereça um excelente atendimento ao cliente:

- Vá além das expectativas para fornecer um atendimento ao cliente excepcional.
- Seja responsivo, atencioso e proativo em resolver problemas.
- Crie uma experiência positiva para seus clientes que os incentive a voltar e recomendar seus serviços e produtos.

5. Seja consistente em sua marca:

- Crie uma identidade visual forte e consistente para sua empresa.
- Utilize a mesma linguagem, cores e estilo em todos os seus materiais de marketing e comunicação.
- Isso ajudará a criar uma imagem profissional e confiável para seus produtos, serviços e sua empresa.

6. Utilize gatilhos mentais:

- Utilize gatilhos mentais como prova social, escassez e urgência para aumentar a percepção de valor de seus serviços e produtos.
- Isso pode ajudá-lo a aumentar suas vendas e conversões.

7. Invista em marketing digital:

- Utilize o marketing digital para alcançar um público mais amplo e promover seus serviços e produtos.
- Utilize anúncios online, SEO, marketing de conteúdo e outras estratégias para aumentar sua visibilidade online.

8. Monitore sua reputação online:

- Monitore o que as pessoas estão dizendo sobre sua empresa nos meios de comunicação.
- Responda a comentários negativos de forma profissional, respeitosa e oportuna.
- Tome medidas para corrigir problemas e melhorar sua reputação.

Ao seguir estas dicas, você poderá aumentar a autoridade de seus serviços e produtos.

Lembre-se:

- A autoridade leva tempo para ser construída.

- Seja consistente em seus esforços e continue aprimorando seus serviços e produtos.

- Monitore seus resultados e faça ajustes conforme necessário.

31. COMO USAR O FUNIL, PARA MELHORAR SUAS VENDAS?

Um funil de vendas é uma representação visual das etapas que um cliente potencial passa desde a primeira tomada de conhecimento de sua empresa até a compra de seus produtos bem como serviços. É chamado de "funil" porque o número de clientes em potencial diminui em cada etapa do processo, à medida que alguns são eliminados e outros avançam no processo de compra.

Etapas do funil de vendas:

- Topo do funil (ToFu): Nesta etapa, o cliente potencial está ciente de que tem um problema, mas ainda não está pesquisando por soluções específicas. O objetivo do ToFu é aumentar o conhecimento da marca e gerar interesse em seus produtos e serviços.

- O meio do funil (MoFu): Nesta etapa, o cliente potencial está pesquisando por soluções para seus problemas e está começando a considerar sua empresa como uma opção. O objetivo do MoFu é fornecer informações valiosas e educar os clientes em potencial sobre seus produtos e serviços oferecidos.

- O fundo do funil (BoFu): Nesta etapa, o cliente potencial está pronto para tomar uma decisão de compra seus produtos bem como serviços. O objetivo do BoFu é converter clientes em potencial em clientes pagantes, isso damos o nome de conversão em vendas.

Como usar o funil de vendas para melhorar suas vendas:

- **Defina suas metas de vendas:** Comece por definir metas claras e mensuráveis para suas vendas. Isso o ajudará a determinar quais ações você precisa tomar para atingir seus objetivos.

- **Identifique seu público-desejado:** Em seguida, você precisa identificar seu público-desejado ideal. Quem são as pessoas mais propensas a comprar seus produtos e serviços? Depois de saber quem você está alvejando, você pode adaptar suas mensagens e estratégias de marketing para atender às suas necessidades e interesses.

- **Crie conteúdo relevante:** Crie conteúdo valioso e informativo que seja relevante e bem claro para cada etapa do funil de vendas. No ToFu, você pode se concentrar em criar conteúdo que aumente o conhecimento da marca e gere interesse. No MoFu, você pode fornecer informações mais detalhadas sobre seus produtos e serviços. E no BoFu, você pode se concentrar em fornecer depoimentos e estudos de casos para ajudar os clientes em potencial a tomar uma decisão de compra seus produtos e serviços.

- **Promova seu conteúdo:** Depois de criar seu conteúdo, você precisa promovê-lo para que seu público-escolhido o veja. Você pode usar uma variedade de canais para promover seu conteúdo, como mídia social, marketing de email e publicidade paga dentre outros meios.

- **Acompanhe seus resultados:** É importante acompanhar seus resultados para que você possa ver o que está funcionando e o que não está. Você pode usar uma variedade de ferramentas para rastrear seus resultados, como Google Analytics e HubSpot CRM.

Usando essas táticas, você pode usar o funil de vendas para melhorar suas vendas e aumentar o crescimento do seu negócio.

32. COMO FAZER O CLIENTE TER NECESSIDADE EM TER OS SEUS PRODUTOS?

Para que os clientes comprem seus produtos, é fundamental entender o que os motiva. A necessidade pode ser:

- **Funcional:** Resolver um problema bem como atender a uma demanda específica.
- **Emocional:** Sentir-se melhor, pertencer a um grupo e alcançar um status sentindo exclusivo.

Criando Necessidade:

Com base nas motivações dos clientes, você pode utilizar diversas estratégias para despertar o desejo pelos seus produtos:

1. Conteúdo Persuasivo:

- Crie blog posts, ebooks e vídeos que demonstrem os benefícios e a utilidade dos seus produtos e serviços.
- Utilize gatilhos mentais como escassez, urgência e prova social para aumentar a persuasão.

2. Demonstrações Eficazes:

- Ofereça demonstrações gratuitas bem como testes dos seus produtos e serviços para que os clientes experimentem seus benefícios.
- Realize iscas virtuais mais conhecido como webinars e eventos para apresentar as funcionalidades e diferenciais dos seus produtos.

3.Histórias Envolventes:

- Crie histórias que conectem os clientes com seus produtos e sua marca.
- Utilize histórias ilarias para mostrar como seus produtos podem melhorar a vida dos clientes em vários níveis.

4. Marketing de Influenciadores:

- Faça parcerias com influenciadores relevantes para o seu público-desejado.
- Utilize o marketing de influenciadores para aumentar a visibilidade e o desejo das pessoas por seus produtos.

5. Ofertas Irresistíveis:

- Crie promoções, descontos e pacotes especiais para incentivar a compra.
- Utilize ofertas personalizadas para atender às necessidades específicas de cada cliente.

6. Pós-venda Excepcional:

- Ofereça um atendimento ao cliente impecável e personalizado.
- Fidelize seus clientes com programas de recompensas e benefícios exclusivos.

7. Gatilhos Mentais:

Utilize gatilhos como escassez, últimas unidades, urgência oferta por tempo limitado, prova social e produto mais vendido para despertar o desejo de compra.

Lembre-se:

- É fundamental ser honesto e bem transparente em sua comunicação.

- Evite criar necessidades artificiais e fazer promessas que não possa cumprir.
- O foco deve estar em oferecer produtos de qualidade que realmente atendam às necessidades dos clientes.

Use essas estratégias de forma eficaz, assim você poderá despertar um desejo real nos clientes e aumentar significativamente suas conversões em vendas.

33. COMO TER UMA CREDIBILIDADE IMEDIATA COM OS CLIENTES?

Conquistando a Confiança do Cliente: Estratégias para Criar Credibilidade Imediata.

A primeira impressão é crucial para o sucesso de qualquer negócio. Conquistar a confiança dos clientes nos primeiros contatos é fundamental para construir um relacionamento duradouro e lucrativo.

Aqui vou te dar algumas estratégias para criar credibilidade imediata com os clientes:

1. Apresentação Profissional:

- **Imagem:** Invista em logotipo, website e materiais de marketing que transmitam profissionalismo e muita confiabilidade.

- **Comunicação:** Utilize uma linguagem clara, concisa e correta em todas as suas comunicações demostrando o seu domínio no assunto.

- **Comportamento:** Seja educado, atencioso e prestativo em todas as suas interações com os clientes isso é essencial.

2. Expertise Demonstrada:

- **Conhecimento:** Demonstre domínio do seu nicho de mercado e dos produtos e serviços que sua empresa oferece.
- **Conteúdo:** Crie e compartilhe conteúdos de alta qualidade que agregue valor aos seus clientes de forma clara.
- **Experiência:** Destaque suas experiências e históricos de sucesso no mercado que você atua.

3. Transparência e Honestidade:

- **Seja autêntico:** Evite promessas exageradas e enganosas.
- Seja transparente: claro sobre seus produtos, preços, serviços e políticas da empresa.
- **Seja honesto:** Reconheça e corrija erros de forma transparente.

4. Provas Sociais:

- **Depoimentos:** Exiba depoimentos positivos de clientes satisfeitos.
- **Avaliações:** Incentive avaliações positivas em plataformas relevantes.
- **Reconhecimento:** Destaque prêmios, certificações dentre outros reconhecimentos que tenha recebido.

5. Atendimento Excepcional:

- **Seja proativo:** Antecipe as necessidades dos seus clientes e ofereça soluções proativas.
- **Seja eficiente:** Responda às solicitações dos clientes de forma rápida e eficaz.
- **Seja empático:** Coloque-se no lugar do cliente sempre e demonstre que se preocupa com suas necessidades.

6. Segurança e Confiança:

- **Proteja os dados dos seus clientes:** Implemente medidas de segurança para proteger os dados dos seus clientes.
- **Ofereça garantias:** Ofereça garantias de qualidade e satisfação para seus produtos.
- **Seja confiável:** Cumpra com seus prazos, promessas e obrigações para com seus clientes.

Ao colocar em pratica essas estratégias de forma consistente, você poderá criar uma imagem de muita credibilidade e confiança que atrairá e fidelizará seus clientes.

Lembre-se:

- A construção da credibilidade é um processo contínuo que exige tempo e esforço.
- É fundamental ser autêntico e manter um alto nível de qualidade em seus produtos e serviços.

- A confiança dos clientes é algo muito valioso que pode ser facilmente quebrada se não for cuidadosamente preservado.

Com muita dedicação e compromisso, você poderá construir um relacionamento de confiança com todos seus clientes e isso trará sucesso a curto e longo prazo para seu negócio.

34. APRENDA DESPERTAR A IMAGINAÇÃO DO CLIENTE EM SEU PRODUTO?

Despertando a Imaginação

Estratégias para Encantar Clientes com seus Produtos

A chave para o sucesso em qualquer mercado competitivo é se destacar em concorrência. E uma das melhores maneiras de fazer isso é despertar a imaginação dos clientes em seus produtos.

Vou te ensinar algumas estratégias para encantar clientes e fazê-los sonhar com seus produtos:

1. Conte uma História:

- Crie uma narrativa envolvente que capture sonhos e essência em seus produtos e os benefícios que vem com ele.
- Use imagens e vídeos vibrantes para dar vida à sua história a sua marca e produtos.
- **Exemplo: A Nike** conta a história de atletas que superam desafios e alcançam seus objetivos usando seus produtos.

2. Crie um Mundo Imersivo:

- Permita que os clientes explorem seus produtos de forma intensa e profunda mais em um ambiente virtual e físico e bem interativo.
- Use a tecnologias de realidade virtual e aumentada para criar umas experiências únicas e memoráveis.
- **Exemplo: A IKEA** oferece aos clientes a oportunidade de visualizar seus móveis em suas próprias casas usando um aplicativo de realidade aumentada sem sair do conforto de sua casa.

3. Provoque a Curiosidade:

- Use frases, anúncios enigmáticos e campanhas de marketing criativas para despertar a curiosidade dos clientes.
- Organize eventos e promoções que gerem burburinhos e expectativas em torno dos seus produtos e serviços.

- **Exemplo: A Apple** é conhecida por criar um grande suspense em torno de seus lançamentos de produtos com eventos secretos e frases cuidadosamente elaborados.

4. Ofereça Personalização:

- Permita que os clientes personalizem seus produtos para torná-lo único e especial.
- Ofereça uma variedade de opções e recursos para que os clientes possam expressar sua individualidade.
- **Exemplo:** A Dell permite que os clientes personalizem seus laptops com diferentes cores, componentes e configurações.

5. Apresente Soluções Inovadoras:

- Ofereça produtos e serviços que atendam às reais necessidades dos clientes de forma inovadora e inesperada.
- Pense fora da caixa e desafie o status e se destaque em seu mercado.
- **Exemplo: A Tesla** revolucionou a indústria automobilística com seus carros elétricos de alto desempenho e tecnologia avançada.

Ao implementar essas estratégias de forma criativa e inovadora, você irá despertar a imaginação e curiosidade dos clientes, criar uma conexão emocional poderosa com seus serviços e produto.

Lembre-se:]

- A chave para o sucesso de sua empresa é se destacar da concorrência e oferecer algo único e especial para cada cliente.

- É importante entender as necessidades e desejos individual dos seus clientes para não só poder mais para criar, produto e serviços que os encante.

- A inovação é fundamental para se manter à frente da concorrência e atender às expectativas em constantes mudanças dos clientes e mercados.

Com muita dedicação e criatividade, você poderá criar produtos e serviços que capture de forma profunda a imaginação dos clientes e os torne em fãs leais.

35. COMO FAZER O CLIENTE SABER A DIFERENÇA DOS SEUS PRODUTOS DOS CONCORRENTES?

Em um mercado cada vez mais competitivo, destacar a qualidade de seus produtos e serviços dos concorrentes é crucial para atrair e fidelizar clientes.

Vou de dar algumas dicas para fazer o cliente saber a diferenciar os seus produtos dos seus concorrentes:

1. Conheça seus Concorrentes:

- Analise os produtos, preços, marketing e estratégias de seus principais concorrentes.
- Identifique seus pontos fortes e fracos em comparação com seus produtos.
- **Exemplo:** Utilize ferramentas online como SEMrush e SimilarWeb para analisar seus concorrentes.

2. Defina seus Diferenciais:

- O que pode fazer com que os seus produtos e serviços sejam únicos e especiais?
- Quais benefícios exclusivos você pode oferece aos seus clientes?
- **Exemplo:** A Amazon se diferencia pela sua ampla variedade de produtos, preços competitivos e entrega rápida.

3. Comunique seus Diferenciais:

- Destaque seus diferenciais em sua comunicação com os clientes.
- Utilize linguagem clara e direta para explicar os benefícios dos seus produtos e serviços.
- **Exemplo:** A Nike destaca a tecnologia inovadora e o design usadas em seus produtos, anúncios e campanhas de marketing.

4. Demonstre seus Diferenciais:

- Ofereça demonstrações gratuitas bem como testes com seus produtos e serviços.
- Permita que os clientes experimentem os benefícios dos seus produtos em primeira mão.
- **Exemplo: A Microsoft** oferece uma versão gratuita para testar o seu software Office por um ano.

5. Crie Valor para o Cliente:

- Ofereça produtos de alta qualidade com preços competitivos.
- Forneça um excelente atendimento pré, e pós vendas aos seus clientes.
- **Exemplo: A Apple** oferece produtos de alta qualidade com um design premium e um excelente atendimento ao cliente.

6. Utilize o Marketing de Conteúdo:

- Crie blog posts, ebooks, vídeos e outros materiais que demonstrem os benefícios dos seus produto e serviços.
- Posicione-se como especialista em seu nicho de forma imponente no mercado.
- **Exemplo: A HubSpot** oferece uma variedade de recursos gratuitos de marketing de conteúdo para seus clientes.

7. Utilize o Marketing de Influenciadores:

- Faça parcerias com influenciadores relevantes para o seu público-escolhido.

- Utilize o marketing de influenciadores para aumentar a visibilidade e o desejo pelos seus produtos.

- **Exemplo: A GoPro** faz parcerias com influenciadores do nicho de esportes e viagens para promover seus produtos de forma contundente.

Ao implementar essas dicas da forma certa, você irá destacar seus produtos e serviços da concorrência e conquistar não só a mente mais o coração dos seus clientes.

Mas lembre-se:

- A diferenciação é um processo contínuo que exige atenção constante ao mercado e às necessidades de cada clientes.

- É muito importante ser autêntico e transparente em sua comunicação com os clientes.

- O foco aqui deve estar em oferecer unicamente produtos e serviços de alta qualidade e que realmente atendam às necessidades dos seus clientes.

Acredite com dedicação e foco no cliente, você irá construir não somente uma marca forte mais alcançar o sucesso em qualquer aria e negócio.

36. COMO ESTÁ SEMPRE A FRENTE DOS SEUS CONCORRENTES?

Vou te dar algumas dicas de como se manter sempre à frente dos seus concorrentes, para isso você tem de se concentrar em cinco áreas principais:

1. Inovação constante:

- Está constantemente pesquisando e desenvolvendo novas tecnologias para melhorar suas capacidades.
- Isso inclui explorar áreas como inteligência artificial, aprendizado de máquinas e processamentos de linguagens naturais.

2. Aquisição de conhecimento:

- Esteja sempre aprendendo e se atualizando com as últimas informações e tendências do seu campo.

- Isso inclui ler artigos, livros, participar de palestras que abranja principalmente seu nicho, workshops e investir em cursos online para ter maiô conhecimento.

- **Exemplo:** Seja membro de grupos de markplace

3. Adversidade:

- Seja capaz de se adaptar rapidamente às mudanças do mercado e às necessidades dos seus usuários.

- Isso inclui ser capaz de aprender novas tarefas e ajustar cada vez mais seu comportamento e por consequência irá melhorar o seu desempenho.

- **Exemplo:** estou lançando esse primeiro volume de o mestre das vendas de forma criativa para que você descubra a sua melhor versão como vendedor e se destaque em meio as multidões.

4. Foco no usuário:

- Esteja sempre focado em fornecer as melhores experiências possível para seus colaboradores e clientes.

- Isso inclui ouvir seus clientes, feedbacks, e atender às suas necessidades, expectativas reais e ajuda-los a supera-las da melhor forma possível.

- **Exemplo:** Tenha uma equipe dedicada e que vista a camisa da empresa e um suporte de qualidade ao cliente que esteja disponível 24 horas por dia, 7 dias por semana para ajudar os clientes com qualquer problema que eles possam ter.

5. Colaboração:

- Esteja sempre aberto a colaborar e ouvir sempre boas ideias de colaboradores e parceiros para desenvolver novas ideias bem como soluções que agreguem melhorias para sua marca, serviços e produtos.
- Isso inclui trabalhar com pensadores, pesquisadores, desenvolvedores e outras empresas.

Ao se concentrar nessas áreas, você pode se manter à frente da concorrência e fornecer aos seus clientes os melhores serviços e produtos possíveis dentro do mercado.

Lembre-se:

- Mais não se esqueça a inovação é fundamental para o sucesso em qualquer campo.
- É importante estar sempre aprendendo e se atualizando com as últimas informações e tendências.
- O seu foco deve estar em fornecer os melhores serviços possíveis para os clientes.

Seguindo nessa dedicação e com foco nos clientes, você irá alcançar o sucesso tão almejado por muitos mais alcançado por poucos.

37. COMO CONVENCER O CLIENTE OPTAR PARA ESCOLHA DE SUA EMPRESA E CONSEQUENTEMENT E SEUS PRODUTOS?

Convencendo o Cliente:Veja as estratégias para Tornar sua Empresa a Escolha Certa.

Conquistar a confiança e a preferência dos clientes é difícil, mas fundamental para o sucesso de qualquer empresa e nicho. Para isso, é necessário ir além de simplesmente apresentar seus produtos e serviços. Você precisa convencer o cliente de que sua empresa é sem dúvidas a melhor escolha para atender às suas necessidades.

Aqui te darei algumas estratégias para te ajudar:

1. Compreenda antes de tudo as Necessidades do Cliente:

- Aprofunde-se nos problemas e desafios que o seu cliente enfrenta.
- Entenda seus objetivos e desejos.
- Coloque-se no lugar do cliente a todo tempo para ter uma visão, mas completa sobre as suas necessidades.

2. Demonstre Expertise:

- Posicione-se como especialista em seu nicho de mercado.
- Compartilhe os seus conhecimentos e experiências através de conteúdo informativo e útil.
- Destaque seus diferenciais em relação aos seus concorrentes.

3. Crie Valor para o Cliente:

- Ofereça produtos e serviços de alta qualidade a preços competitivos.
- Forneça um atendimento ao cliente impecável e personalizado.
- Vá além das expectativas do cliente com benefícios e serviços adicionais.

4. Construa Relacionamentos de Confiança:

- Comunique-se de forma transparente e honesta com os clientes.
- Seja acessível e receptivo às suas dúvidas e necessidades.
- Crie um ambiente de confiança e respeito mútuo.

5. Utilize Persuasão Eficaz:

- Apresente argumentos convincentes que demonstrem o valor da sua empresa.
- Utilize gatilhos mentais como escassez, urgência e prova social.
- Crie uma narrativa envolvente que conecte o cliente à sua marca.

6. Ofereça Provas Sociais:

- Exiba depoimentos positivos e também negativos assim você pode melhorar o que não tá bom deixando os clientes mais tranquilos e satisfeitos.
- Destaque prêmios e reconhecimentos que sua empresa recebeu.
- Compartilhe estudos de casos que demonstrem o sucesso de seus produtos e serviços.

7. Facilite a Tomada de Decisão:

- Ofereça informações claras e completas sobre seus produtos e serviços.
- Elimine objeções e responda dúvidas de forma simples, mas bem claras.
- Torne o processo de compras simples e descomplicado.

Ao implementar essas estratégias de forma consistente e dedicada, você irá aumentar significativamente suas chances de convencer o cliente a escolher sua empresa e seus produtos.

Mas lembre-se:

- Todo sucesso depende da construção de um relacionamento de confiança com o cliente.
- É fundamental que você ofereça produtos e serviços de alta qualidade que realmente atendam às suas necessidades.
- A comunicação clara, honesta e transparente também é fundamental para gerar confiança e atrair cada vez, mas clientes.

Com foco no cliente e na excelência em tudo o que faz, sua empresa poderá se destacar da concorrência e conquistar o sucesso no mercado.

38. COMO DA GARANTIA AOS CLIENTES SEM TER EVENTUAIS PREJUÍZOS A LOGO PRAZO?

Oferecendo Garantia Sem Prejuízos a Longo Prazo: Estratégias para Equilibrar Satisfação do Cliente e Lucratividade

A garantia é uma ferramenta poderosíssima quando se trata em aumentar a confiança dos clientes e impulsionar suas vendas. No entanto, é crucial oferecer garantia sem comprometer a lucratividade a longo prazo.

Aqui estão algumas estratégias para garantir a satisfação do cliente sem prejuízos para sua empresa:

1. Avalie os Riscos:

- Analise seus históricos de vendas e dados de devoluções para entender os riscos de oferecer garantia.
- Considere fatores como a taxa de falhas dos produtos, custos de reparo bem como substituição dos serviços e produtos.
- Calcule o impacto da garantia no seu preço final com sua margem de lucro.

2. Defina o Prazo Ideal:

- Ofereça um prazo de garantia que seja justo para você e o cliente e sustentável para o seu negócio.
- Considere a vida útil de cada produto, o tipo de garantia **(total bem como parcial)** e as práticas da indústria.
- Prazos mais longos podem aumentar a confiança, mas também aumentam os riscos de prejuízos a longo prazo.

3. Escolha o Tipo de Garantia:

- Intenda que quando você dá a garantia total, ela cobre todos os defeitos do produto.
- Já a garantia parcial: cobre apenas alguns defeitos específicos.

- A garantia estendida: oferece cobertura adicional por um custo extra.
- Escolha a opção que melhor se adapta aos seus produtos,serviços,políticas da empresa, público e orçamento.

4. Implemente Medidas Preventivas:

- Invista em controle de qualidade rigoroso para reduzir a taxa de falhas dos produtos e serviços.
- Ofereça treinamento de ponta aos seus colaboradores sobre como lidar com solicitações de garantia.
- Crie um processo eficiente para gerenciar devoluções bem como reparos.

5. Utilize Seguros e Proteções:

- Considere adquirir seguros contra riscos de perdas por garantia.
- Crie um fundo de reserva para cobrir custos inesperados com reparos e substituições.
- Explore programas de proteção de garantia oferecidos por fornecedores e parceiros.

6. Monitore e Avalie Constantemente:

- Acompanhe o desempenho da sua política de garantia e os custos envolvidos.
- Faça ajustes quando necessário para garantir a sustentabilidade a longo prazo.

- Realize pesquisas de satisfação do cliente para entender sua percepção da garantia.

Ao implementar essas estratégias de forma inteligente, mas equilibrada, você poderá oferecer garantia aos seus clientes sem comprometer a saúde financeira da sua empresa.

Lembre-se:

- A garantia é um investimento que traz confiança do cliente e fidelização.
- É importante encontrar o equilíbrio entre oferecer uma boa experiência ao cliente mais protegendo os seus lucros.
- O monitoramento constante e a adaptabilidade são essenciais para garantir o sucesso da sua política de garantia.

Com planejamento e uma boa gestão, você poderá oferecer garantia de forma segura e bem lucrativa, construindo um relacionamento duradouro e positivo com os seus clientes.

39. COMO ATENDER OS CLIENTES COM HUMILDADE MAIS DE FORMA EFICAZ?

Atendendo seus Clientes com Humildade e Eficácia: Te darei estratégias para Criar Conexões Autênticas e Duradouras

A humildade é uma ferramenta bem poderosa na construção de relacionamentos fortes, duradouros e lucrativos com os clientes. Ao demonstrar humildade em suas interações, você cria uma forte atmosfera de confiança, respeito e colaboração que beneficiara ambas as partes.

Aqui irei te ensinar algumas das melhores dicas para atender os clientes com humildade mas grande eficácia:

1. Reconheça a Pessoa:

- Comece cada interação reconhecendo o cliente como um indivíduo único com suas próprias necessidades e desejos.

- Evite rótulos desnecessários e generalizações trate cada cliente com respeito e atenção genuína.

- Preste atenção à linguagem corporal e aos sinais verbais para entender melhor as necessidades do cliente.

2. Escute Ativamente:

- Deixe o cliente falar e expressar suas necessidades e preocupações sem interrupções só depois introduza suas ideias e visões.

- Faça perguntas abertas para aprofundar sua compreensão e demonstrar interesse genuíno.

- Evite interromper, falar alto bem como impor suas próprias ideias e soluções.

3. Demonstre Empatia:

- Coloque-se sempre no lugar do cliente e tente entender seus sentimentos e frustrações só assim você terá sucesso em suas abordagens.

- Valide suas preocupações e demonstre que você se importa realmente com seus problemas.

- Evite ser defensivo e com argumentativo, mesmo quando o cliente estiver insatisfeito.

4. Seja Honesto e Transparente:

- Admita erros e falhas quando necessário e se comprometa a resolvê-los de forma rápida e eficaz.
- Seja claro sobre as suas capacidades e limites e evite fazer promessas que não pode cumprir.
- Comunique-se de forma clara e sincera, utilizando linguagem acessível e de fácil entendimento ao cliente.

5. Busque Soluções Criativas:

- Trabalhe em conjunto com o cliente para encontrar soluções que atendam às necessidades de ambas as partes.
- Seja flexível e esteja aberto a sugestões e feedback do cliente.
- Vá além do esperado e ofereça soluções personalizadas que superem as expectativas do cliente.

6. Aprenda com os Erros:

- Considere cada interação como uma oportunidade única de aprendizado e crescimento pessoal.
- Utilize os feedback dos clientes para melhorar seus produtos, serviços bem como atendimento.
- Adapte suas estratégias de acordo com as necessidades e expectativas do seu público-escolhido.

Ao implementar essas dicas de forma consistente e dedicada, você poderá construir um relacionamento de confiança e respeito com seus clientes, impulsionando a fidelização e o sucesso da sua empresa.

Lembre-se:

- A humildade não significa fraqueza, mas sim força e confiança em suas capacidades.
- Ouvir e entender os clientes é fundamental para oferecer um atendimento eficaz e personalizado.
- A honestidade e a transparência são essenciais para construir confiança e credibilidade com os clientes.
- Buscar soluções criativas e ir além do esperado demonstra seu compromisso com a satisfação dos clientes.

Usando sua humildade como base de suas interações, você poderá criar um ambiente positivo e acolhedor para seus clientes, transformando-os em promotores leais da sua marca, produtos e serviços.

40. COMO FAZER ACESSÓRIA DE SEU PRÓPRIO NEGÓCIO?

Assessorando seu Próprio Negócio: Estratégias para Maximizar o Sucesso

Ser seu próprio patrão é um sonho para muitos, mas exige planejamento, dedicação e uma dose de autoconhecimento. Para prosperar como consultor do seu próprio negócio, siga estas dicas que vou te dar:

1. Domine seu Nicho:

- Aprofunde-se em sua área de atuação.
- Mantenha-se atualizado sobre as últimas tendências e inovações em sua aria.
- Desenvolva um portfólio sólido de projetos bem-

sucedidos.

2. Defina seu Valor Único:

- O que te diferencia da concorrência?
- Que habilidades e experiências exclusivas você pode oferece?
- Comunique seu valor de forma clara e concisa.

3. Crie uma Marca Pessoal Forte:

- Construa uma identidade visual profissional e consistente.
- Compartilhe sua experiência através de blogs, artigos e palestras.
- Participe de comunidades online e offline relevantes.

4. Networking Eficaz:

- Conecte-se com outros profissionais e potenciais clientes.
- Participe de eventos e grupos de networking.
- Ofereça seus serviços e produtos de forma proativa e estratégica.

5. Formalize seu Negócio:

- Defina sua estrutura legal e tributária.

- Crie um plano de negócios detalhado.
- Invista em ferramentas e recursos adequados.

6. Gestão Eficiente:

- Organize seu tempo definindo as prioridades.
- Utilize ferramentas de gestão e produtividade.
- Delegue tarefas aos colaboradores quando necessário.

7. Aprimore suas Habilidades:

- Invista em cursos e treinamentos que abrangem além de sua área .
- Desenvolva suas habilidades de comunicação, marketing e vendas.
- Busque feedback constante e aprimore suas práticas.

8. Adaptabilidade e Resiliência:

- Esteja preparado para lidar com desafios e contratempos sempre.
- Adapte-se às mudanças do mercado e às necessidades dos clientes mais exigentes.
- Mantenha uma atitude positiva e persistente.

Ao implementar estas estratégias com dedicação e foco, você estará no caminho certo para alcançar o tão sonhado sucesso como consultor do seu próprio negócio.

Não se esqueça:

- Acredite em seu potencial e na sua capacidade de oferecer um produto e serviço de qualidade.
- Seja proativo e busque oportunidades de crescimento e desenvolvimento.
- A construção de um negócio de sucesso leva tempo, esforço e persistência.

Com paixão, trabalho duro e as ferramentas certas, você poderá alcançar seus objetivos e prosperar como consultor do seu próprio negócio.

Aqui estão algumas dicas adicionais para assessorar seu próprio negócio:

- Ofereça uma consulta gratuita: Esta é uma ótima maneira de conhecer o cliente e suas necessidades e apresentar seus serviços e produtos.
- Faça perguntas relevantes: Para entender melhor os desafios e objetivos do cliente, faça perguntas abertas e específicas.
- Seja um bom ouvinte: Preste atenção ao que o cliente está dizendo e demonstre interesse genuíno em suas necessidades.
- Ofereça soluções personalizadas: Adapte seus produtos e serviços às necessidades específicas de cada cliente.
- Seja honesto e transparente: Seja claro sobre o que você pode oferecer e o que não pode.
- Forneça resultados: Acima de tudo, entregue o que você promete e faça com que o cliente fiquei satisfeito.

Seguindo estas dicas, a cima você estará no caminho certo para construir um negócio de consultoria de sucesso.

41. COMO FAZER CONSULTORIA DE SEU PRÓPRIO NEGÓCIO?

Consultoria do Seu Próprio Negócio:
Guia Completo para o Sucesso

Ser seu próprio consultor lhe oferece flexibilidade, independência e a chance de aplicar seus conhecimentos e habilidades de forma autônoma. Para prosperar nesse ramo, vou te dá um guia completo:

1. Domine seu Nicho:

- Aprofunde-se em sua área de experiência, tornando-se um especialista reconhecido.

- Mantenha-se atualizado sobre as últimas tendências, tecnologias e inovações do seu nicho.

- Construa um portfólio sólido de projetos bem-sucedidos que demonstrem sua experiência e expertise.

2. Defina seu Valor Único:

- Mostre o que te diferencia da concorrência, destacando suas habilidades e experiências exclusivas.
- Determine o valor que você agrega aos seus clientes, definindo claramente seus diferenciais.
- Comunique seu valor de forma clara, concisa e convincente em seus materiais de marketing e comunicação.

3. Crie uma Marca Pessoal Forte:

- Desenvolva uma identidade visual profissional e consistente que represente sua marca pessoal.
- Compartilhe sua experiência e construa autoridade através de blogs, artigos, palestras, workshops e webinars.
- Participe ativamente de comunidades online e offline relevantes para seu nicho, conectando-se com outros profissionais e potenciais clientes.

4. Networking Eficaz:

- Crie e fortaleça uma rede de contatos valiosos, conectando-se com outros profissionais, empresas e potenciais clientes.
- Participe de eventos, grupos de contatos e fóruns online relevantes para seu nicho.
- Ofereça seus serviços de forma proativa e estratégica, utilizando seu **networking** conhecido como rede de

contatos para gerar oportunidades de negócio.

5. Formalize seu Negócio:

- Defina a estrutura legal e tributária mais adequada para sua atividade de consultoria.
- Crie um plano de negócios detalhado que inclua seus objetivos, estratégias, projeções financeiras e plano de **marketing**.
- Invista em ferramentas e recursos adequados para gerenciar seu negócio, como **website**, **software** de gestão de projetos e ferramentas de comunicação.

6. Gestão Eficiente:

- Organize seu tempo e defina prioridades, utilizando técnicas de gestão de tempo e produtividade.
- Utilize ferramentas de gestão para organizar tarefas, agendar compromissos, controlar finanças e acompanhar o desempenho em tempo real da sua sua empresa.
- Delegue tarefas quando necessário, contratando freelancers e colaboradores para auxiliar em áreas específicas.

7. Aprimore suas Habilidades:

- Invista em cursos, treinamentos e workshops, também conhecidos como eventos e reuniões para aprimorar suas habilidades técnicas, de negócios e interpessoais.
- Desenvolva suas habilidades de comunicação,

marketing, vendas, negociação e gestão de projetos.

- Busque feedback constante de clientes e colegas para identificar as áreas de aprimoramento e melhorar suas práticas.

8. Adaptabilidade e Resiliência:

- Esteja preparado para lidar com desafios, contratempos e mudanças constantes no mercado de consultoria.

- Adapte-se às necessidades e expectativas dos seus clientes, oferecendo soluções personalizadas e inovadoras.

- Mantenha uma atitude positiva, persistente e resiliente sempre diante de obstáculos e desafios.

9. Marketing e Vendas Eficaz:

- Crie um website profissional e informativo que apresente seus serviços, produtos, experiência e portfólio.

- Utilize estratégias de marketing digital como SEO, mídias sociais e email marketing para alcançar novos clientes.

- Participe de licitações e concursos públicos para ampliar sua base de clientes.

- Desenvolva um processo de vendas eficaz que inclua prospecção, qualificação de leads, apresentação de propostas e negociação.

10. Excelência no Atendimento ao Cliente:

- Ofereça um atendimento personalizado e de alta qualidade aos seus clientes, superando suas expectativas.

- Comunique-se de forma clara, transparente e eficiente com seus clientes, respondendo suas dúvidas e solicitações com rapidez e atenção.

- Seja proativo na resolução de problemas e na entrega de resultados, garantindo a satisfação dos seus clientes.

Ao implementar este guia completo com dedicação, foco e persistência, você estará no caminho certo para construir um negócio de consultoria de sucesso, prosperando como um consultor autônomo e experiente para sua empresa.

Lembre-se:

- Acredite em seu potencial sempre e em sua capacidade de oferecer além de serviços, produtos também uma consultoria de alta qualidade para seu negócio.

- Seja proativo na busca por novos clientes e oportunidades de negócio.

- A construção de um negócio de consultoria de sucesso leva tempo, esforço e dedicação.

Com trabalho duro e as ferramentas certas, você poderá alcançar seus objetivos e prosperar como consultor do seu próprio negócio em muito pouco tempo.

42. COMO CRIAR UMA CONEXÃO AFETIVA ENTRE EMPRESA E CLIENTES COM PEQUENAS ATITUDES?

Pequenas Atitudes, Grandes Conexões: Fortalecendo o Laço entre Empresa e Clientes

Criar uma conexão afetiva com seus clientes vai além de oferecer produtos e serviços de qualidade. Trata-se de construir um relacionamento genuíno e duradouro, baseado na confiança, verdade, respeito e no cuidado mútuo. Pequenas atitudes, implementadas de forma consistente, podem fazer toda a diferença nesse processo.

Aqui vou te mostrar algumas dicas para criar uma conexão afetiva com seus clientes através de pequenas atitudes:

1. Demonstre Empatia e Autenticidade:

- Coloque-se no lugar do cliente sempre para entender suas necessidades, desejos, frustrações de forma rápida e objetiva.

- Comunique-se de forma clara, acessível e acolhedora, utilizando uma linguagem que o cliente compreenda claramente.

- Seja honesto, transparente em suas ações e comunicações, construindo um laço de confiança e credibilidade.

2. Personalize a Experiência do Cliente:

- Trate cada cliente como um indivíduo único, reconhecendo suas preferências e necessidades específicas.

- Ofereça um atendimento personalizado e proativo, indo além das expectativas do cliente.

- Utilize o nome do cliente, demonstre interesse genuíno em suas histórias e ofereça soluções personalizadas para cada caso.

3. Crie Momentos Memoráveis:

- Surpreenda seus clientes com pequenos gestos de gentileza e atenção, como um brinde singelo e inesperado, um cartão de agradecimento etc.

- Ofereça experiências únicas e memoráveis, como eventos especiais, workshops e programas de fidelidade.

- Crie um ambiente acolhedor e agradável em seu ponto de venda, seja ele físico bem como virtual.

4. Incentive a Interação e o Feedback:

- Abra canais de comunicação eficazes para que os clientes possam expressar suas opiniões e sugestões.

- Crie uma política do cliente do mês fazendo assim com que esse cliente tenha elogios destaque em suas redes sociais e um pequeno brinde por suas compras e fidelidade.

- Faça sorteios mensais com pequenos brindes para os clientes que deram seus feedbacks.

- Responda aos feedbacks de forma rápida, atenciosa, respeitosa, proativa, demonstrando assim que você valoriza a opinião dos seus clientes.

- Utilize as redes sociais para interagir com seus clientes, compartilhar conteúdo relevante a eles e construir uma comunidade engajada.

5. Reconheça e Recompense a Fidelidade:

- Você pode também agradecer seus clientes pela sua fidelidade, oferecendo descontos especiais, brindes e benefícios exclusivos.

- Crie programas de fidelidade que recompensem os clientes por suas compras e interações com a empresa.

- Celebre datas especiais com seus clientes, como aniversários e datas comemorativas.

Mas lembre-se:

- As pequenas atitudes só geram resultados, quando são feitas com cuidado e atenção, elas podem ter um impacto significativo na percepção dos clientes sobre sua empresa.

- A construção de uma conexão afetiva leva tempo e exige um compromisso genuíno com a satisfação e o bem-estar dos seus clientes.

- Ao seguir essas dicas de forma consistente e dedicada, você estará no caminho correto para criar um relacionamento duradouro e lucrativo com seus clientes se destacando da concorrência.

Com pequenas atitudes e um grande compromisso com a experiência do cliente, sua empresa irá construir uma base solida com clientes fiéis e apaixonados por sua marca, produtos, serviços e impulsionando o sucesso total de sua empresa a longo prazo.

43. COMO UMA CONEXÃO AFETIVA ENTRE EMPRESA E COLABORADORES COM PEQUENAS ATITUDES?

Pequenas Atitudes, Grandes Laços:
Cultivando uma Conexão Afetiva
entre Empresa e Colaboradores

Uma empresa com colaboradores felizes e engajados é uma empresa mais produtiva, inovadora e lucrativa. E a chave para alcançar esse objetivo está na construção de uma conexão afetiva genuína entre a empresa e seus colaboradores. Pequenas atitudes, implementadas de forma consistente, podem fazer toda a diferença nesse processo.

Aqui te darei algumas dicas para criar uma conexão afetiva com seus colaboradores através de pequenas atitudes:

1. Demonstre Reconhecimento e Valorização:

- Agradeça seus colaboradores por seu trabalho e dedicação, reconhecendo suas conquistas e contribuições individualmente e em grupo.
- Ofereça feedback positivo e construtivo, ajudando-os a se desenvolverem profissionalmente e a se sentirem valorizados.
- Celebre datas especiais, como aniversários no trabalho e conquistas pessoais, demonstrando que você se importa com o bem-estar de cada um dos seus colaboradores.

2. Crie um Ambiente Acolhedor e Seguro:

- Ofereça um ambiente de trabalho físico e virtual agradável, seguro e propício à produtividade e ao bem-estar.
- Promova um clima de trabalho positivo, baseado na confiança, no respeito mútuo e na colaboração.
- Invista em programas de saúde e bem-estar, como ginástica laboral, meditação bem como terapia ocupacional, demonstrando que você se preocupa com a saúde física e mental de seus colaboradores.

3. Incentive a Comunicação e o Feedback:

- Abra canais de comunicação eficazes para que os colaboradores possam expressar suas ideias, sugestões, insatisfações e preocupações.
- Realize pesquisas entre eles para entender as necessidades e expectativas dos seus colaboradores.
- Promova reuniões e eventos de integração para que os colaboradores se conectem uns com os outros e com a empresa.

4. Ofereça Oportunidades de Crescimento:

- Invista em treinamento e desenvolvimento profissional, ajudando seus colaboradores a se aprimorarem e a crescerem na empresa.
- Ofereça programas de mentoria e coaching, conectando colaboradores experientes com aqueles que estão em início de carreira para que assim possam convergir ideias entre eles.
- Crie um plano de carreira claro e transparente, com oportunidades de progressão profissional para todos os colaboradores.

5. Reconheça e Recompense o Sucesso:

- Celebre o sucesso individual e em equipe, reconhecendo o trabalho duro e a dedicação dos seus colaboradores.
- Ofereça recompensas e incentivos, como bônus, prêmios e promoções, para motivar seus colaboradores

a darem o seu melhor.

- Crie um programa de reconhecimento, como "funcionário do mês mais uma bonificação por melhor desempenho individual "bem como a "melhor equipe do trimestre e dando também destaque a eles nas redes sociais da empresa", para que os colaboradores que se destacaram vejam que realmente estão sendo respeitados e valorizados por seu trabalho e determinação.

Lembre-se:

- As pequenas atitudes, quando feitas com amor, cuidado e atenção, terão um impacto significativo na percepção dos colaboradores sobre sua empresa.
- A construção de uma conexão afetiva leva tempo e exige um compromisso genuíno com o bem-estar e o desenvolvimento dos seus colaboradores.
- Ao seguir essas dicas de forma consistente e dedicada, você estará no caminho certo para criar um ambiente de trabalho positivo e produtivo, onde seus colaboradores se sentirão valorizados e motivados a darem o seu melhor todos os dias.

Com essas pequenas atitudes e um grande compromisso com o bem-estar de seus colaboradores, a sua empresa irá construir uma equipe forte, engajada e apaixonada pelo trabalho assim, impulsionando o sucesso da sua empresa e colaboradores a longo prazo.

44. COMO SABER O QUE É TRAFEGO PAGO E PARA QUE SERVI EM UMA EMPRESA?

Tráfego Pago: Acelerando o Crescimento do Seu Negócio com Estratégias Eficazes

O tráfego pago é uma ferramenta poderosa para impulsionar o crescimento do seu negócio online, atraindo visitantes qualificados para seu site, blog e loja virtual de forma rápida e estratégica. Através de anúncios em plataformas como Google Ads, Facebook Ads e Instagram Ads, você pode alcançar um público específico e segmentado, aumentando a visibilidade da sua marca e direcionando tráfego relevante para suas páginas.

Para entender como o tráfego pago pode beneficiar sua empresa, é importante conhecer seus principais objetivos:

1. Aumentar o Vendas:

- Ele aumenta o alcance de clientes em potencial que já estão buscando produtos e serviços como os seus.
- Crie anúncios direcionados para diferentes etapas do funil de vendas.
- Acompanhe o desempenho das campanhas e otimize seus investimentos.

2. Gerar Leads:

- Capture informações dos contatos de potenciais clientes interessados em sua oferta.
- Utilize formulários e landing **pages** para qualificar leads e aumentar as conversões.
- **Nurture leads** com **emails** marketing e campanhas direcionadas.

3. Ampliar o Reconhecimento da Marca:

- Aumente a visibilidade da sua marca online e alcance novos públicos.
- Crie campanhas de branding para fortalecer a imagem e o posicionamento da sua marca.
- Utilize diferentes formatos de anúncios para gerar impacto e memorização.

4. Lançar Novos Produtos ou Serviços:

- Crie campanhas de pré-lançamento para gerar expectativa e **buzz** em torno do seu novo produtos e serviços.

- Utilize anúncios para direcionar tráfego para a página de lançamento e aumentar as vendas.

- Acompanhe o desempenho das campanhas e faça ajustes para otimizar os resultados.

5. Direcionar Tráfego para Conteúdo Específico:

- Promova blog posts, ebooks, webinars bem como outros conteúdos relevantes para atrair visitantes qualificados.

- Utilize anúncios para direcionar tráfego para landing **pages** específicas com **CTAs** claros e objetivos.

- Acompanhe o desempenho das campanhas e otimize seu conteúdo para aumentar o engajamento.

Ao investir em tráfego pago, você pode:

- Definir seu público-alvo ideal: segmente seus anúncios por idade, sexo, localização, interesses e outros critérios relevantes.

- Controlar seu orçamento: defina o valor máximo que você deseja investir em cada campanha e acompanhe seus gastos de perto.

- Acompanhar os resultados: monitore o desempenho de suas campanhas através de métricas como taxa de cliques **(CTR)**, custo por clique **(CPC)** e taxa de conversão **(CR)**.

- Otimizar suas campanhas: faça ajustes em seus anúncios, segmentação e lances para melhorar seus resultados e alcançar seus objetivos.

Para ter sucesso com tráfego pago, é importante:

- Definir seus objetivos de forma clara e específica.

- Criar anúncios relevantes e atraentes para seu público-alvo.

- Segmentar seus anúncios de forma eficaz.

- Gerenciar seu orçamento de forma eficiente.

- Acompanhar os resultados de perto e fazer ajustes quando necessário.

Com planejamento, estratégia e execução eficaz, o tráfego pago pode ser um aliado poderoso para o crescimento do seu negócio online.

Lembre-se:

- O tráfego pago é uma ferramenta poderosa, mas não é mágica. É preciso investir tempo, dinheiro e esforço para criar e gerenciar campanhas eficazes.

- É importante acompanhar os resultados de perto e

fazer ajustes quando necessário para otimizar suas campanhas e alcançar seus objetivos.

- Se você não tem experiência com tráfego pago, considere contratar um profissional bem como uma agência especializada para te ajudar a criar e gerenciar suas campanhas.

Com as ferramentas, estratégias e conhecimentos certos, você estará no caminho certo para impulsionar o crescimento do seu negócio online com o tráfego pago.

. O trafego nada mais é que você pagar empresas especializadas, influenciadores digitais ou pessoas comuns para fazer de conta que usa seus produtos induzindo assim outras pessoas a ter interesse ou comprar realmente seus serviços e produtos.

OBS: para isso você precisa ter dinheiro para investir mais saiba que nem sempre você terá o retorno esperado na proporção de seus investimentos porque esse tipo de engajamento pode levar tempo para te render bons frutos.

45. COMO SABER AS DESVANTAGENS DE USAR O TRAFEGO PAGO?

Desvantagens do Tráfego Pago: Desafios e Considerações para o Sucesso

O tráfego pago é uma ferramenta poderosa para impulsionar o crescimento do seu negócio online. No entanto, como qualquer ferramenta, ele tem suas desvantagens que devem ser consideradas antes de investir.

Aqui vou te dá algumas das principais desvantagens do tráfego pago:

1. Custo:

- O tráfego pago pode ser caro, especialmente em plataformas competitivas como **Google Ads** e **Facebook Ads.**

- É necessário definir um orçamento adequado e acompanhar os resultados de perto para garantir se o investimento esteja trazendo o retorno desejado ou não.

- O custo por clique **(CPC)** e o custo por aquisição **(CPA)** que podem variar significativamente dependendo do seu nicho, público-direcionado e palavras-chave escolhidas.

2. Dependência:

- Ao depender unicamente do tráfego pago, você corre o risco de perder visibilidade, dinheiro e tráfego caso não tenha mais como investir nas campanhas.

- É importante investir também em **SEO, marketing** de conteúdo e outras estratégias para gerar tráfego orgânico para seu site.

- Diversificar suas fontes de tráfego te ajuda a reduzir sua dependência do tráfego pago e a construir uma base de clientes mais sólida e segura.

3. Concorrência:

- As plataformas de tráfego pago são altamente competitivas, o que pode dificultar a obtenção de bons resultados.

- É necessário investir em pesquisa de palavras-chave,

criação de anúncios chamativos e otimização de campanhas para se destacar da concorrência.

- Acompanhar as tendências do mercado e as melhores práticas é fundamental para manter suas campanhas competitivas.

4. Risco de Fraude:

- É importante estar atento ao risco de fraude em plataformas de tráfego pago.

- Utilize ferramentas e recursos para verificar a qualidade do tráfego e evitar cliques fraudulentos que podem prejudicar seus resultados.

- Trabalhe com plataformas confiáveis e siga as melhores práticas para minimizar o risco de fraude.

5. Curva de Aprendizagem:

- Criar e gerenciar campanhas de tráfego pago pode ser desafiador, especialmente para quem não tem experiência.

- É necessário investir tempo,

Esforço e dinheiro para aprender as melhores práticas e otimizar suas campanhas.

- Existem diversos cursos, tutoriais e ferramentas disponíveis gratuitas para te ajudar a aprender sobre tráfego pago e criar campanhas eficazes.

Não se esqueça:

- O tráfego pago é uma ferramenta poderosa, mas não é uma solução mágica para sua empresa. É preciso investir tempo, esforço, dinheiro e conhecimento para ter sucesso.

- É importante que você deva considerar as desvantagens do tráfego pago antes de investir dinheiro você deve tomar medidas para minimizar os riscos e desafios.

- Claro que com planejamento, estratégia e execução eficaz, você poderá sim superar as desvantagens e riscos do tráfego pago e utilizá-lo para impulsionar o crescimento do seu negócio online.

Para minimizar as desvantagens do tráfego pago:

- Defina seus objetivos de forma clara e específica.
- Faça uma pesquisa de mercado e público-alvo aprofundada.
- Crie anúncios relevantes e atraentes para seu público-alvo.
- Segmente seus anúncios de forma eficaz.
- Gerenciar seu orçamento de forma eficiente.
- Acompanhe os resultados de perto e faça ajustes quando necessário.
- Invista em aprendizado e aperfeiçoamento constante.

Ao seguir estas dicas, você estará no caminho certo para utilizar o tráfego pago de forma inteligente e alcançar seus objetivos no marketing digital.

46. COMO USAR O TRAFEGO GRATUITO ATRAVÉS DE SEUS CLIENTES?

Tráfego Gratuito Através de Seus Clientes: Estratégias para o Sucesso

Transformar seus clientes em verdadeiros promotores da sua marca, serviços e produtos muito ousado e inteligentes além de ser uma excelente maneira de gerar um tráfego gratuito e qualificado para seu site, blog e loja virtual. Através de diversas estratégias, você pode incentivar seus clientes a cada dia mais compartilharem suas experiências com sua empresa e atraírem novos clientes em potencial.

Aqui te darei mais algumas dicas para usar o tráfego gratuito através de seus clientes:

1. Incentive o Feedback e Avaliações:

- Peça aos seus clientes para deixarem feedback sobre seus produtos, serviços bem como experiência de compra.

- Ofereça incentivos, como cupons de desconto e brindes, para que os clientes publiquem avaliações positivas em plataformas online como **Google Maps, Facebook e TripAdvisor.**

- Responda a todos os feedbacks seja ele bom ou ruim, sempre com atenção, respeito e agradecendo pelos comentários positivos e negativos e deixando claro que os feedback ajudara não só melhorar os serviços,proutos mais resolver as insatisfações de forma rápida e proativa.

2. Crie Programas de Fidelidade:

- Recompense seus clientes fiéis com pontos, descontos especiais e benefícios exclusivos.

- Ofereça um programa de indicação, premiada para seus clientes por trazerem novos clientes para sua empresa.

- Crie um senso de comunidade entre seus clientes fiéis, oferecendo eventos exclusivos bem como grupos online.

3. Conteúdo Gerado pelo Usuário:

- Incentive seus clientes a criarem conteúdo sobre sua marca, serviços e produtos como fotos, vídeos, textos ou reviews.

- Organize concursos e promoções para estimular a criação de conteúdo relevante para os seus clientes.
- Compartilhe o conteúdo gerado pelo usuário em seus canais de comunicação, como website, redes sociais e blog.

4. Utilize o Marketing de Influenciadores:

- Identifique influenciadores relevantes em seu nicho de mercado e estabeleça parcerias.
- Ofereça produtos e serviços gratuitos para que os influenciadores testem e compartilhem sua experiência com seus seguidores.
- Crie campanhas conjuntas com influenciadores para alcançar um público mais amplo e aumentar o reconhecimento da sua marca serviços e produtos.

5. Participe de Comunidades Online:

- Participe ativamente de fóruns, grupos online e comunidades relevantes para seu nicho de mercado.
- Compartilhe os seus conhecimentos e experiências, respondendo perguntas e oferecendo ajuda aos membros da sua comunidade.
- Posicione-se como especialista em seu nicho de mercado, construindo uma grande autoridade assim gerando confiança.

6. Utilize as Redes Sociais:

- Crie perfis nas principais redes sociais e compartilhe conteúdos relevantes e interessantes para seu público-alvo.

- Interaja com seus seguidores, respondendo comentários e mensagens privadas.

- Utilize anúncios pagos para segmentar seu público-alvo e alcançar novos clientes em potencial.

7. Otimização para Mecanismos de Busca (SEO):

- Otimize seu site para mecanismos de busca, utilizando palavras-chave relevantes em seus conteúdos e títulos.

- Crie backlinks de qualidade para seu site a partir de outros sites relevantes para seu nicho de mercado.

- Acompanhe o desempenho do seu site nos mecanismos de busca e faça ajustes para melhorar sua visibilidade.

Lembre-se:

- Construir uma base de clientes fiéis leva tempo e exige um compromisso genuíno com a satisfação do cliente por seus serviços, produtos e marca.

- Ofereça produtos e serviços de qualidade, mas acima de tudo um atendimento excepcional e experiências memoráveis para os seus clientes.

- Ao seguir as dicas acima de forma consistente e dedicada, você estará no caminho certo para gerar tráfego gratuito e qualificado para seu negócio online, impulsionando suas vendas e crescimento.

Com um pouco de criatividade e esforço, você irá transformar seus clientes em seus maiores fãs e aliados na conquista de cada dia novos clientes e no sucesso do seu negócio.

47. COMO SABER A DIFERENÇA ENTRE CLIENTES POTENCIAIS E IMPOTÊNCIAS DE FORMA CLARA?

Clientes Potenciais vs. Impotências:
Diferenças Claras para o Sucesso

Identificar a diferença entre clientes potenciais e impotências é crucial para o sucesso de qualquer empresa. Direcionar seus esforços de marketing e vendas para os clientes com maior probabilidade de compra aumenta a eficiência, gera mais leads qualificados e impulsiona as vendas.

Aqui vou te mostrar algumas dicas para diferenciar clientes potenciais de impotências de forma bem clara:

1. Perfil Demográfico:

- Compare o perfil demográfico de seus clientes potenciais com o de seus clientes atuais.
- Analise fatores como idade, sexo, localização, renda e nível de educação.
- Identifique os grupos demográficos com maior potencial de compra e concentre seus esforços neles.

2. Necessidades e Desejos:

- Compreenda as necessidades e desejos de seus clientes potenciais.
- Quais são os seus problemas? Quais soluções eles buscam?
- Adapte suas mensagens e ofertas para atender às necessidades específicas de seus clientes potenciais.

3. Nível de Engajamento:

- Analise o nível de engajamento de seus clientes potenciais com sua marca, produtos e serviços.
- Eles abrem seus **emails**? Eles visitam seu **site**? Eles interagem com você em suas redes sociais?
- Priorize os clientes potenciais que demonstram maior interesse em sua marca, serviços e produtos.

4. Intenção de Compra:

- Avalie a intenção de compra dos seus clientes potenciais.

- Eles estão pesquisando sobre seus produtos e serviços? Eles estão comparando preços?

- Priorize os clientes potenciais que estão mais próximos de tomar uma decisão de compra.

5. Ferramentas de Marketing:

- Utilize ferramentas de marketing para identificar e segmentar seus clientes potenciais.

- Utilize plataformas de marketing automatização para acompanhar o comportamento online dos seus clientes potenciais.

- Utilize ferramentas de análise de dados para identificar os clientes com maior potencial de compra.

Mas saiba:

- A definição de clientes potenciais e impotências pode variar de acordo com seu nicho de mercado e modelo de negócio.

- É importante analisar continuamente seus dados e ajustar sua estratégia para otimizar seus resultados.

- Ao concentrar seus esforços nos clientes com maior potencial de compra, você poderá aumentar suas vendas e gerar mais lucros para sua empresa.

Com um pouco de análise e planejamento, você poderá identificar facilmente seus clientes ideais e direcionar seus esforços para alcançar o tão sonhado sucesso.

48. COMO INTENDER AS NECESSIDADES E INVESTIR EM CLIENTES PCD PARA CONVERSÃO DE VENDAS EM SUA EMPRESA?

Clientes PcD: Um Público com Necessidades Específicas e Potencial de Crescimento

Os clientes PcD(São pessoas com algum tipo Deficiência) elas representam um público amplo e diverso, com necessidades específicas e um grande potencial de crescimento para as empresas.

Compreender as necessidades desse público e investir em estratégias que atendam às suas demandas pode gerar benefícios mútuos, como:

- Aumento das vendas e fidelização dos clientes: **PcD** representam cerca de 24% da população brasileira, um mercado significativo e em constante crescimento.

- **Melhoria da imagem da empresa:** Demonstra responsabilidade social, inclusão e respeito à diversidade.

- **Aumento da competitividade:** Diferencia sua marca,da concorrência ao oferecer produtos e serviços acessíveis e inclusivos.

Para entender as necessidades dos clientes PcD e investir nesse público de forma eficaz, é importante:

1. Realizar pesquisas e estudos de mercado:

- Compreender as diferentes deficiências **(física, auditiva, visual, intelectual)** e suas implicações no consumo.

- Identificar as principais necessidades e desafios enfrentados por **PcD** na hora de comprar.

- Analisar as melhores práticas de empresas que já investem nesse público.

2. Acessibilidade em todos os pontos de contato:

- Site, loja física, atendimento ao cliente, materiais de marketing e comunicação.

- Garantir para que todas as informações sejam

realmente acessíveis em diferentes formatos **(texto, áudio, vídeo)**.

- Treinar uma equipe para atender **PcD** com respeito e empatia.

3. Oferecer produtos e serviços inclusivos:

- Desenvolver produtos com recursos de acessibilidade **(teclas Braille, softwares de leitura de tela).**
- Adaptar serviços para atender às necessidades específicas de **PcD (transporte adaptado, intérpretes de libras).**
- Oferecer opções de compra online e principalmente entrega em domicílio.

4. Criar ações de marketing direcionadas:

- Utilizar linguagem acessível e imagens que representem a diversidade.
- Anunciar em canais de comunicação específicos para **PcD.**
- Realizar eventos e promoções que incluam esse público.

5. Estabelecer parcerias com entidades e organizações PcD:

- Obter informações e insights sobre o público.
- Divulgar seus produtos e serviços para **PcD.**
- Promover ações de conscientização e inclusão social.

Investir em clientes **PcD** é uma oportunidade de crescimento para as empresas, além de ser uma ação socialmente responsável.

Ao atender às necessidades desse público com produtos, serviços e comunicação acessíveis, as empresas podem fidelizar clientes, aumentar suas vendas e contribuir para uma sociedade mais inclusiva.

Lembre-se:

- A inclusão de **PcD** não se trata de atender um nicho de mercado, mas sim de garantir os direitos de todos à acessibilidade e à igualdade social como um toldo.
- Investir nesse público é um compromisso sério e com uma grande responsabilidade social e ética assim por consequência teremos a construção de uma sociedade mais justa leal e inclusiva.

Com planejamentos, pesquisas e investimentos, as empresas podem conquistar esse público e gerar resultados positivos para todos.

Recursos Adicionais PcD:

Canais de Atendimento para Clientes PcD:
Abrindo Portas para a Inclusão

As empresas que desejam oferecer um atendimento de excelência para clientes **PcD (Pessoas com Deficiência)** precisam investir em canais de comunicação acessíveis e inclusivos. Através de diferentes plataformas, é possível garantir que todos os clientes, independentemente de suas necessidades específicas, tenham uma experiência positiva ao interagir com a empresa.

Aqui te mostro alguns dos principais canais de atendimento utilizados pelas empresas para atender clientes **PcD:**

1. Canais Tradicionais Adaptados:
Telefone:

- Ofereça atendimento telefônico com operadores treinados em acessibilidade e comunicação com **PcD.**
- Utilize recursos como TTY **(Teletipo)** para pessoas com deficiência auditiva.

Email:

- Disponibilize um endereço de **email** específico para atendimento de clientes **PcD.**
- Garanta que o conteúdo dos **emails** seja acessível a pessoas com deficiência visual, utilizando linguagem simples e evitando imagens complexas.

Chat Online:

- Ofereça chat online com operadores treinados em acessibilidade e comunicação com **PcD.**
- Utilize ferramentas de tradução automática para facilitar a comunicação com pessoas com deficiência auditiva.

2. Canais Digitais Acessíveis:
Site:

- Otimize o site da empresa para acessibilidade, seguindo as diretrizes **WCAG (Web Content Accessibility Guidelines).**
- Utilize recursos como leitores de tela,

navegação por teclado e alto contraste para facilitar a navegação de pessoas com deficiência.

- **Redes Sociais**:
  - Utilize as redes sociais para divulgar informações sobre acessibilidade e inclusão na empresa.
  - Garanta que os conteúdos das redes sociais sejam acessíveis a pessoas com deficiência, utilizando legendas em vídeos e imagens com texto alternativo.

Aplicativos:

- Desenvolva aplicativos com recursos de acessibilidade, como narração de voz e botões grandes.
- Ofereça opções de download em diferentes formatos para atender às necessidades de diferentes públicos.

3. Canais Específicos para PcD:

- Central de Atendimento **PcD**:
  - Crie uma central de atendimento específica para clientes **PcD,** com operadores treinados em acessibilidade e comunicação com **PcD.**
  - Ofereça atendimento em diferentes canais, como telefone, **email,** chat online e videochamada.

Intérpretes de Libras:

- Disponibilize intérpretes de Libras para atendimentos presenciais e online.
- Ofereça serviços de traduções de vídeos e outros conteúdos para pessoas com deficiência auditiva.

- **Ferramentas de Acessibilidade**:
  - Utilize ferramentas de acessibilidade em seu site, como leitores de tela e **softwares** de reconhecimento de voz.
  - Ofereça treinamento para seus colaboradores sobre como utilizar essas ferramentas.

Lembre-se:

- A escolha dos canais de atendimento mais adequados para sua empresa dependerá do seu público, orçamentos e recursos disponíveis.
- É importante oferecer uma variedade de canais de atendimento para atender às necessidades de diferentes clientes **PcD.**
- Investir em acessibilidade e inclusão será uma dasoportunidades de crescimento para sua empresa e um compromisso com a construção de uma sociedade mais justa e igualitária.

Dicas Extras:

- Realize pesquisas de satisfação para avaliar a qualidade dos atendimentos prestados aos clientes **PcD.**
- Ofereça treinamento periódico para seus colaboradores sobre como atender clientes **PcD.**
- Participe de eventos e iniciativas relacionadas à acessibilidade e inclusão.

Ao se dedicar à acessibilidade e inclusão, sua empresa estará abrindo portas para amplas um mercado em expansão e construindo uma marca mais forte e positiva para todos os involvidos.

49. COMO FAZER A CONCORRÊNCIA QUERER SE ASSOCIAR A SUA EMPRESA?

Fazendo a Concorrência Desejar uma Associação com Sua Empresa Estratégias para o Sucesso

Transformar seus concorrentes em parceiros estratégicos bem ambiciosa mais pode ser a jogada de um verdadeiro mestre, para impulsionar o crescimento do seu negócio. Através de uma associação bem estruturada, ambas as empresas podem se beneficiar de recursos, conhecimentos e mercados complementares, expandindo seu alcance e competitividade.

Para fazer a concorrência querer se associar à sua empresa, é importante:

1. Demonstrar Valor e Força:

- Construa uma marca forte e reputação positiva no mercado.
- Destaque seus diferenciais competitivos, como produtos inovadores, serviços únicos, experiência incontestável em seu nicho e uma forte presença online.
- Posicione-se como um líder nato dando referências em seu setor de atuação.

2. Identificar Sinergias e Benefícios Mútuos:

- Analise os pontos fortes e fracos da sua empresa e da concorrência.
- Identifique áreas onde a combinação de recursos e conhecimentos pode gerar benefícios para ambas as partes.
- Defina objetivos claros e mensuráveis para a associação.

3. Criar uma Proposta Atraente e Clara:

- Comunique os benefícios da associação de forma clara e direta.
- Destaque como a parceria pode ajudar a resolver problemas e desafios específicos da concorrência.
- Seja transparente sobre suas expectativas e requisitos.

4. Estabelecer um Relacionamento de Confiança:

- Promova um diálogo aberto e bem transparente com a concorrência.
- Compartilhe informações relevantes e demonstre compromisso com o sucesso da parceria.
- Crie um ambiente de colaboração e respeito mútuo.

5. Formalizar a Associação com um Contrato Sólido:

- Defina os termos da parceria em um contrato claro e detalhado.
- Inclua informações sobre responsabilidades, divisão de lucros, propriedade intelectual e confidencialidade

do acordo.

- Busque assessoria jurídica para garantir um acordo justo e seguro para ambas as partes.

Intenda que:

- Construir uma associação de sucesso com a concorrência exige tempo, esforço e comunicação transparente.
- É importante escolher o parceiro certo para definir cada um dos objetivos os deixando bem claros para a parceria.
- Ao seguir minhas dicas, você estará no caminho certo para criar uma associação vantajosa para ambas as empresas.

Exemplos de Sinergias em Associações:

- Compartilhamento de recursos: infraestrutura, logística, equipe de vendas.
- Desenvolvimento conjunto de produtos e serviços.
- Acesso a novos mercados.
- clientes.
- Redução de custos e otimização de processos.
- Aumento da competitividade e do **market share.**

Ao se associar à concorrência, você pode:

- Acessar novos recursos e conhecimentos.
- Expandir seu alcance e mercado.
- Aumentar sua competitividade.
- Reduzir custos e otimizar processos.
- Criar novas oportunidades de negócios.

Com planejamento, estratégia, comunicação eficaz, você pode transformar a concorrência em parceiros estratégicos e impulsionar o crescimento do seu negócio.

50. COMO APRENDER EDUCAÇÃO FINANCEIRA PARA SUA EMPRESA USANDO 20 DICAS INFALÍVEIS?

20 Dicas Infalíveis para Dominar a Educação Financeira na Sua Empresa e Prosperar

A educação financeira é a chave para o sucesso duradouro de qualquer empresa. Ao tomar decisões financeiras conscientes e responsáveis, você garante a saúde financeira do seu negócio, impulsionando o crescimento e a prosperidade a longo prazo.

Aqui estão 20 dicas infalíveis para dominar a educação financeira na sua empresa:

1. Crie um Orçamento Detalhado e Realista:

- Registre todas as suas receitas e despesas, categorizando-as por tipo e departamento.
- Defina metas realistas de lucro e crescimento.
- Acompanhe seu orçamento regularmente e faça ajustes quando necessário.

2. Controle Rigorosamente seus Gastos:

- Evite gastos desnecessários e priorize investimentos em áreas estratégicas para o crescimento do seu negócio.
- Negocie com fornecedores para obter melhores preços e condições de pagamento.
- Implemente medidas de controle de custos em todos os departamentos da empresa.

3. Tenha um Fluxo de Caixa Consistente e Positivo:

- Garanta que suas receitas sejam sempre maiores que suas despesas.
- Monitore o fluxo de caixa diariamente e tome medidas para evitar inadimplência.

- Mantenha uma reserva para emergências e imprevistos.

4. Invista em Planejamento Tributário Eficaz:

- Contrate um contador experiente para te auxiliar na gestão tributária da empresa.
- Mantenha-se atualizado sobre as leis e obrigações fiscais.
- Busque formas legais de reduzir sua carga tributária.

5. Utilize Ferramentas de Gestão Financeira:

- Utilize softwares e aplicativos para automatizar tarefas financeiras e ter uma visão completa da saúde financeira da empresa.
- Analise relatórios e indicadores financeiros regularmente para tomar decisões estratégicas.
- Invista em treinamento para sua equipe sobre como utilizar as ferramentas de gestão financeira.

6. Faça Reservas para o Futuro da Empresa:

- Crie um fundo de reserva, no caixa para emergências e imprevistos.
- Planeje e faça reservas para investimentos futuros, como expansão da empresa e lançamento de novos produtos e serviços.
- Garanta que a empresa tenha recursos para se sustentar em momentos de crise.

7. Tenha uma Boa Relação com Instituições Financeiras:

- Mantenha um bom relacionamento com bancos e outras instituições financeiras.
- Negocie taxas e juros mais baixos para seus empréstimos e financiamentos.
- Busque linhas de crédito e programas de financiamento vantajosos para o seu negócio.

8. Invista na Educação Financeira da Sua Equipe:

- Ofereça treinamentos e workshops sobre educação financeira para seus colaboradores.
- Incentive a cultura de responsabilidade financeira em toda a empresa.
- Conscientize sua equipe sobre a importância de tomar decisões financeiras conscientes.

9. Acompanhe os Indicadores Financeiros:

- Monitore indicadores como lucro líquido, margem de lucro, ROA (Erros e Acertos) e ROI (Retorno de Investimentos).
- Utilize esses indicadores para avaliar a performance da empresa e tomar decisões estratégicas.
- Compare seus indicadores com os de empresas do mesmo setor para identificar áreas de melhoria.

10. Diversifique suas Fontes de Receita:

- Não dependa de um único cliente e produto para gerar receita.
- Explore novos mercados e nichos de mercado.
- Crie novos produtos e serviços para atender às necessidades de seus clientes.

11. Crie um Fundo de Reserva para Emergências:

- Esteja preparado para lidar com imprevistos como crises econômicas, desastres naturais e mudanças no mercado.
- Crie um fundo de reserva para cobrir despesas inesperadas.
- Garanta que a empresa tenha recursos para se manter em momentos de dificuldade.

12. Realize Investimentos Estratégicos:

- Invista em pesquisa e desenvolvimento para aprimorar seus produtos e serviços.
- Invista em marketing e vendas para alcançar novos clientes.
- Invista em tecnologia para otimizar seus processos e aumentar sua produtividade.

13. Mantenha um Estoque Equilibrado:

- Evite ter um estoque excessivo, o que pode gerar perdas e custos de armazenamento.

- Também evite ter um estoque muito baixo, o que pode ocasionar rupturas e perda de vendas.

- Gerencie seu estoque de forma eficiente para otimizar seus custos e garantir a disponibilidade de produtos para seus clientes.

14 Investimentos também é preciso e isso servi para empresas de todos os portes: Um Guia Completo para o Sucesso.

Investir os recursos da sua empresa de forma inteligente e segura é essencial para garantir a solidez financeira e o crescimento sustentável do seu negócio. As opções de investimentos bancários para empresas de pequeno, médio e grande porte são diversas, cada uma com suas vantagens e desvantagens.

Aqui te darei as melhores formas de investimentos bancários para empresas de todos os portes:

. CDB (Certificado de Depósito Bancário):

- Investimento de renda fixa com rentabilidade pré-definida e baixo risco.

- Ideal para empresas que buscam segurança e previsibilidade.

- Disponível em diferentes prazos e taxas de juros.

15. Tesouro Direto:

- Investimento de renda fixa com a garantia do governo federal.

- Oferece diferentes opções de títulos, como **LTN (Tesouro Nacional), NTN-B (Tesouro Nacional com Juros Reais) e Tesouro Selic.**
- Ideal para empresas que buscam diversificar seus investimentos e proteger o capital.

16. Fundos de Investimento:

- Gerenciados por profissionais especializados, oferecem diversificação e potencial de rentabilidade superior à renda fixa.
- Existem fundos de renda fixa, multimercado, ações e cambiais.
- Ideal para empresas que buscam retornos mais expressivos e aceitam um pouco mais de risco.

17. Ações:

- Representam a participação no capital de empresas.
- Oferecem potencial de rentabilidade elevado, mas também apresentam maior risco.
- Ideal para empresas que possuem perfil de investidor arrojado e buscam retornos a longo prazo.

18. Debêntures:

- Títulos de renda fixa emitidos por empresas.
- Pagam juros periódicos aos investidores e podem ser convertidos em ações.
- Ideal para empresas que buscam diversificar seus investimentos e obter retornos superiores à renda fixa tradicional.

19. Fundos Imobiliários (FIIs):

- Investem em imóveis e geram renda através de aluguéis.
- Oferecem diversificação e potencial de rentabilidade superior à renda fixa.
- Ideal para empresas que buscam retornos a longo prazo e proteção contra a inflação.

20. Consórcios:

- Permite a compra de bens de alto valor sem precisar desembolsar todo o valor à vista.
- Ideal para empresas que buscam adquirir bens como veículos, imóveis e equipamentos.

Ao escolher um investimento para sua empresa, é importante considerar:

Porte da empresa:

- Pequenas empresas: CDB, Tesouro Direto, Fundos de Investimento de Renda Fixa.
- Médias empresas: CDB, Tesouro Direto, Fundos de Investimento Multimercado, **Debêntures.**
- Grandes empresas: CDB, Tesouro Direto, Fundos de Investimento Multimercado, Ações, Debêntures, Fundos Imobiliários.

Perfil de investidor:

- Conservador: CDB, Tesouro Direto.
- Moderado: Fundos de Investimento Multimercado, Debêntures.
- Arrojado: Ações, Fundos Imobiliários.

Objetivos financeiros:

- Curto prazo: CDB, Tesouro Direto.
- Médio prazo: Fundos de Investimento Multimercado, Debêntures.
- Longo prazo: Ações, Fundos Imobiliários.
- **Saiba:** que diversificar seus investimentos é fundamental para reduzir o risco e aumentar as chances de sucesso.
- Consultar um profissional de investimentos é essencial para obter orientação personalizada e escolher os melhores investimentos para sua empresa.

Com um ótimo planejamento e uma análise criteriosa, você poderá encontrar o investimento ideal para alcançar seus objetivos financeiros e impulsionar o crescimento da sua empresa.

CAPITULO BÔNUS

O que é dropshipping ?

1. O **dropshipping** é um modelo de negócio de varejo no qual o varejista não mantém estoque dos produtos que vende. Quando um pedido é feito, o varejista compra o item de um atacadista ou fabricante e o envia diretamente ao cliente. O varejista não lucra com o preço dos produtos, mas sim com a diferença entre o preço de atacado e o preço de varejo.

Modelo de negócios de **dropshipping**

O **dropshipping** pode ser um ótimo modelo de negócios para iniciantes porque requer pouco investimento inicial e baixo risco. Também é uma boa opção para empresas que desejam expandir sua linha de produtos e **servîcços** sem investir em estoque adicional.

No entanto, existem algumas desvantagens no **dropshipping**. Uma desvantagem é que o varejista não tem controle sobre o estoque ou o envio dos produtos. Isso pode levar a problemas com atrasos nos envios e produtos danificados. Outra desvantagem é que o varejista tem menos margem de lucro do que se vendesse os produtos diretamente do estoque.

No geral, o **dropshipping** pode ser um modelo de negócio viável para varejistas online. No entanto, é importante pesar os prós e os contras antes de decidir se é certo para você.

Aqui vou te dizer algumas das vantagens do **dropshipping**:

- Baixo investimento inicial: O **dropshipping** requer pouco investimento inicial, pois você não precisa comprar estoque. Isso torna uma boa opção para iniciantes e empresas com orçamentos limitados.

- Baixo risco: Como você não precisa comprar estoque, há pouco risco envolvido no **dropshipping.** Se um produto não vender, você não perderá dinheiro com ele.

- Fácil de começar: O **dropshipping** é fácil de começar. Você só precisa criar uma loja online e encontrar fornecedores que ofereçam serviços de **dropshipping.**

- Escalável: O **dropshipping** é um modelo de negócio escalável. Você pode facilmente adicionar mais produtos à sua loja online sem ter que investir em mais estoque.

- Flexível: O **dropshipping** oferece flexibilidade. Você pode trabalhar em qualquer lugar e definir seus próprios horários.

Aqui estão algumas das desvantagens do **dropshipping**:

- Margem de lucro menor: Os varejistas de **dropshipping** geralmente têm margens de lucros menores do que os varejistas tradicionais. Isso ocorre porque eles têm que pagar ao fornecedor o preço de atacado do produto, além de suas próprias despesas, como marketing e envios.

- Menos controle: Os varejistas de **dropshipping** têm menos controle sobre o estoque e os envios dos produtos. Isso pode levar a problemas com atrasos no envio e produtos danificados.

- Concorrência: O **dropshipping** é um mercado competitivo. Existem muitos varejistas de

dropshipping, portanto pode ser difícil se destacar da multidão.

- Problemas de atendimento ao cliente: Se houver um problema com um pedido, o varejista de **dropshipping** será responsável por resolver o problema com o cliente. Isso pode ser demorado e frustrante.

Se você está pensando em iniciar um negócio de **dropshipping**, é importante fazer sua pesquisa e compreender os prós e os contras. Com planejamento e execução cuidadosos, o **dropshipping** pode ser um modelo de negócio viável e lucrativo.

Como fazer **dropshipping**: Um guia passo a passo

O **dropshipping é** um modelo de negócio de varejo online atraente por sua baixa necessidade de investimento inicial e pela flexibilidade que oferece. Se você está pensando em iniciar um negócio de **dropshipping**, siga este guia passo a passo para te ajudar a começar:

1. Defina seu nicho de mercado:

- Escolha um nicho que você tenha paixão e conhecimento avançado.

- Avalie o potencial de mercado e a concorrência.

- Identifique produtos com alta demanda e margem de lucro expressivo.

2. Encontre fornecedores confiáveis:

- Pesquise fornecedores em plataformas como **AliExpress, Alibaba e Spocket.**

- Avalie a qualidade dos produtos, prazos de entrega e políticas de devolução so depois efetue a compra e venda dos produtos.
- Solicite amostras dos produtos para verificar a qualidade.

3. Crie sua loja online:

- Escolha uma plataforma de e-commerce como Shopify, Nuvemshop ou **WooCommerce.**
- Crie um design profissional e intuitivo para sua loja.
- Inclua descrições detalhadas e fotos de alta qualidade dos produtos.

4. Defina seus preços e políticas de frete:

- Calcule seus custos e defina preços competitivos.
- Ofereça opções de frete atraentes para seus clientes.
- Defina uma política de frete grátis para pedidos acima de um determinado valor ou quantidade.

5. Invista em marketing e publicidade:

- Utilize canais como **Facebook Ads, Instagram Ads e Google Ads para alcançar seu público-alvo.**
- Crie conteúdo relevante e de alta qualidade para atrair clientes.
- Ofereça promoções e descontos para impulsionar as vendas.

6. Ofereça um atendimento ao cliente excepcional:

- Responda rapidamente às perguntas e solicitações dos clientes.
- Seja proativo na resolução de problemas.
- Ofereça uma experiência de compra positiva para seus clientes.

7. Monitore seu negócio e faça ajustes:

- Analise suas vendas e dados de marketing para identificar oportunidades de melhoria.

- Faça ajustes em seus preços, produtos e estratégias de marketing.

- Teste novas ideias para otimizar seu negócio de **dropshipping.**

- Utilize ferramentas de automação para otimizar seus processos.

- Ofereça opções de pagamento seguras e convenientes.

- Construa uma marca forte e confiável.

- Participe de comunidades online de **dropshipping** para aprender com outros empreendedores.

Lembre-se: o sucesso no **dropshipping** exige pesquisa, planejamento, trabalho duro e dedicação. Seguindo este guia passo a passo e aplicando as dicas adicionais, você estará no caminho certo para construir um negócio de **dropshipping** muito próspero e lucrativo.

Em caso de mais **duvidas** use esses recursos porque eles são bem **úetis:**

- Guia completo de dropshipping: **https://www.hostinger.com.br/tutoriais/como-fazer-dropshipping**

- Como começar no dropshipping do **zero: https://www.youtube.com/watch?v=xM3h1Y_ZIjI**